이런 사원은

사표를 써라

이런 사원은 사표를 써라

지은이 | 김이수
펴낸이 | 김성실
편집주간 | 김이수
편집기획 | 한승오 · 조성우 · 박남주
마케팅 | 이동준 · 김창규 · 강지연
편집 · 디자인 | 하람 커뮤니케이션
인쇄 | 중앙 P&L(주)
제본 | 광성문화사
펴낸곳 | 시대의창
출판등록 | 제10-1756호(1999. 5. 11)

초판 1쇄 발행 | 2005년 1월 28일
초판 2쇄 발행 | 2007년 3월 12일

주소 | 121-816 서울시 마포구 동교동 113-81 4층
전화 | 편집부 (02) 335-6125, 영업부 (02) 335-6121
팩스 | (02) 325-5607
홈페이지 | www.sidaew.co.kr

ISBN 89-89229-90-1 03320
값 11,000원

ⓒ 김이수, 2005, Printed in Korea.

• 저자와의 협의에 의해 인지는 생략합니다.
• 잘못된 책은 바꾸어 드립니다.

이런 사원은
사표를 써라

김이수 지음

시대의창

여는글

먼저 '뜻'을 구하여 이루면 성공은 저절로 따를 것입니다

중국 한나라 왕조가 마지막 숨을 가쁘게 몰아쉬고 있을 무렵, 어느 날 복숭아밭에 세 명의 '무뢰배'가 모여 앉았습니다. 촌뜨기 돗자리 장수 유비, 영락없는 백수건달 관우, 돼지 잡는 백정 장비가 그들이었습니다. 세 사람은 '도탄에 빠진 세상을 구원하고 한 왕조를 부흥하자는' 데 의기투합하여 이른바 '도원결의桃園

結義'를 다졌습니다. 이 순간 그들은 이미 어제의 '무기력한' 그들이 아니었습니다. 뚜렷한 목표가 정해지고 마땅히 할 일이 생겼기 때문입니다.

이렇게 이들은 비로소 세상을 사는 '뜻'을 얻었습니다. 그 전에도 '뜻'은 늘 가슴속에 품고 있었지만 울분으로 응어리져 있었을 뿐, 때를 만나지 못하여 진정으로 뜻을 '얻었다' 할 수는 없었습니다. 이처럼 늦은 나이에 뜻을 얻은 그들은 거의 맨손으로 시작하여 거대한 기업을 이루었습니다. 풍찬노숙風餐露宿을 마다 않고 평생을 바쳐도 아깝다 하지 않을 만큼 그들의 삶과 사업에 몰두하고 헌신할 수 있었던 것은 그들이 '도원결의'로 세운 뜻을 끝내 잃지 않았기 때문이었을 것입니다. 뜻을 잃지 않았다 함은, 생각만이 아니라 현실의 삶을 송두리째 그 뜻에 의탁하여 변함이 없었다는 것입니다.

그 뜻을 세워 얻는다는 것은 반드시 '도원결의'처럼 거창한 명분만을 필요로 하는 것은 아닐 것입니다. 아무

먼저 '뜻'을 구하여 이루면 성공은 저절로 따를 것입니다

리 소박해 보이는 명분이라도 지극히 간절하다면 지극히 크고 깊은 뜻이 될 것입니다. 1600만 대한민국 샐러리맨 여러분, 평생을 의탁할 뜻을 세워 얻기 바랍니다. 지금 현재 내가 있는 자리나 하고 있는 일에서도 그 뜻을 얻을 수 있고, 여전히 내 생각 안에만 머물러 있는 자리나 일에서도 얻을 수 있을 것입니다.

뜻을 얻어 그것에 평생을 몰두한다는 것은 인생의 '결'을 짓는 일입니다. '결'은 하나의 일관된 흐름입니다. 그래서 '한결같다'고 하는 것입니다. 나무에도 결이 있듯이 삼라만상森羅萬象에는 제각기 그 존재를 짓는 결이 있다고 합니다. 뜻이 크고 깊음을 얻으면 그 결도 그만큼 장하게 흐를 것입니다. 아무리 비바람이 거세고 눈보라가 살을 에도 나무는 그 뿌리가 뽑히지 않는 한 그 결을 짓는 뜻을 멈추는 법이 없습니다.

사람살이라고 해서 다를 게 무엇이겠습니까. 세상 살기가 힘겨울수록 오히려 그 사는 '뜻'이 크고 깊어야 인

생의 '결'을 온전히 지을 수 있을 것입니다.

  그저 부를 얻거나 명예를 얻거나 권력을 얻고자 하는 것은 '뜻'에 속하는 일이 아닙니다. 물론 우리가 살아가는 데 소홀히 여길 바는 아니지만 그런 따위가 인생의 '결'을 짓지는 못합니다. 그것들은 '뜻'을 얻고 이뤄가는 과정에 필요한 많은 수단 가운데 일부이자 일부러 구하고자 아니하여도 저절로 따라오게 마련인 부산물일 따름입니다. 아무리 높은 자리를 차지하고 눈부신 영화榮華를 쌓아도 그 뜻을 잃으면 추한 탐욕으로 떨어질 뿐이며 그 인생은 천박함과 누추함을 면치 못할 것입니다. 그러나 아무리 낮은 자리에 있어도 그 뜻이 장하면 그 자리가 스스로 높아지고 존귀해질 것이며 인생의 빛나는 '결'을 지을 수 있을 것입니다.

  뜻을 구하지 못한 사람은 비록 그 원하는 자리나 재물을 얻어도 필생의 '일'을 알지 못하므로 죽을 때까지 그저 더 높은 자리, 더 많은 재물만 탐하다가 인생을 허

먼저 '뜻'을 구하여 이루면 성공은 저절로 따를 것입니다

송할 뿐입니다. 마치 그런 것들을 죄다 북망산까지 지고 갈 것처럼 말이지요. 그러나 그런 것들은 사는 동안 잠시 빌려 쓰는 것일 뿐 본래 내 것이 아니므로 다 두고 가야 합니다. 평생을 부비며 살아온 세상도 온전히 두고 가는데, 그런 것 따위가 뭐란 말입니까.

샐러리맨 여러분, 이 고단한 세상을 전혀 고단하지 않게, 아니 신명나게 살아내고 싶다면 필생의 뜻을 세워 얻기 바랍니다. 뜻을 세우는 데는 밑천이 따로 필요하지 않습니다. 바로 그 '뜻'이 살아가는 밑천이 될 것입니다.

이 책의 결을 이루고 있는 제 글의 '뜻'은, 여러분이 그 뜻을 구하는 데 하찮은 도움이라도 드리고자 함에 있을 따름입니다. 그래서 이른바 '출세'나 '성공'에 대한 비결 따위에는 목소리를 높이지 않았습니다. 저는 그런 비결을 알지도 못하거니와 가르칠 주제도 못되기 때문입니다. 설령 안다고 해도 이 책을 쓴 제 뜻이 그에 머물지 못하기 때문입니다. 뜻을 얻어 이루면 '출세'나 '성

공'은 저절로 따르는 것이라 믿기 때문입니다. 부디, 여러분이 '사는' 뜻을 얻고 그것을 소중하게 여겨 한결같길 바랍니다.

어느 누구라도 제 글로 인하여 '뜻을 구하는 일'에 더 가까워졌다면 제 뜻이 그 결을 얻어 조금이나마 이루어진 것이니 보람으로 삼을 것이요, 그저 시간만 낭비했다고 한다면 제 뜻이 그 결을 얻지 못해 아주 어그러진 것이니 마땅히 사죄를 드려야 할 것입니다.

여러분 모두, 올해는 지금 몸을 두고 있는 자리나 일에 마음까지 두었으면 좋겠습니다. 그리하여 그 있는 자리가 바로 날마다 천국이고 그 하는 일이 날마다 신명이었으면 좋겠습니다. 참으로 그리하면 '출세'나 '성공'은 어느새 여러분의 현실이 되어 있을 것입니다.

지은이 김 이 수 드림

CONTENTS

일과 직장에 관하여

- 나는 이런 일이나 하고 있을 사람이 아니라고 투덜댄다 / 18
- 일도 배우기도 전에 출세의 사다리부터 기웃거린다 / 22
- 회사에 충성할 일 있느냐는 식의 생각으로 근무한다 / 26
- 시키는 일 외에는 할 생각도 없고 아무 일도 못한다 / 30
- 사소한 일에 시간을 보내다가 정작 중요한 일을 하지 못한다 / 34
- 그때그때 상황만 모면하려 들고 근본적인 문제 해결 의지가 없다 / 38
- 사사로운 이해관계에 얽매여 스스로를 옭아맨다 / 42
- 새로운 아이디어 창출에 무관심하고 늘 타성에 젖어 산다 / 46
- 혼자서 무슨 일이든 다 잘하려고 전전긍긍한다 / 50
- 자기 일에서 성과에만 급급할 뿐 행복을 추구할 줄 모른다 / 54
- 주먹구구식 업무 처리 습관으로 매사에 허겁지겁 쫓긴다 / 58

대인관계에 관하여

- 동료나 상사 그리고 회사의 험담을 습관처럼 일삼는다 / 66
- 사내에서 돈 거래가 복잡하고 잡기나 오락에 빠져 산다 / 70
- 주위 사람들과 끊임없이 갈등을 빚는다 / 74
- 모든 인간관계를 이해타산에 따라 설정한다 / 78
- 자기만 잘난 듯 행동하고 다른 사람을 무시한다 / 82
- 상사에게 잘 보이기 위해 일하고 감히 '노'라고 말하지 못한다 / 86
- 생산적인 만남보다는 습관적인 만남만 일삼는다 / 90
- 오락을 함께 나눌 친구는 많아도 고난을 함께 나눌 친구가 없다 / 94

자기관리에 관하여

- 스스로를 고무하고 성장시킬 프로그램이 없다 / 102
- 늘 계획과 생각만 일삼고 행동이 없다 / 106
- 자신과 남에 대한 진정한 사랑의 의미를 모른다 / 110
- 잡다한 일정에 분주하여 자기계발을 소홀히 한다 / 114
- 과도한 음주와 오락에 빠져 건강을 돌보지 않는다 / 118
- 일이나 생활의 분주함에 쫓겨 인생의 숲을 돌보지 못한다 / 122
- 취미도 열정도 없이 무료하게 보내면서 환경만 탓한다 / 126
- TV라는 감옥에 갇혀 옴짝달싹도 하지 못한다 / 130
- 알량한 재주를 뽐내느라 겸손의 큰 덕을 베풀 줄 모른다 / 134

삶의 방식에 관하여

- 매사에 부정적으로 반응하고 남만 탓한다 / **142**
- 편한 것만 찾고 우물 안에 갇혀 세상 넓은 줄 모른다 / **146**
- 재물이나 출세에 눈이 멀어 다른 사람의 아픔을 외면한다 / **150**
- 무리하거나 부당한 청탁을 하고도, 거절당하면 욕을 퍼붓는다 / **154**
- 자기 말만 늘어놓고 다른 사람 말은 들으려 하지 않는다 / **158**
- 눈앞의 잇속만 챙기려다 자신을 위태로움에 빠뜨린다 / **162**

미래 비전에 관하여

- 그저 흘러가는 대로 살면서 꿈을 잊어간다 / 170
- 새로움을 적극적으로 받아들이고 궁리하는 열정이 없다 / 174
- 꿈을 성취할 구체적인 프로그램이 없다 / 178
- 날마다 작아지는 자신을 한탄만 하고 앉아 있다 / 182
- 현재의 성공에 안주한 채 고여서 썩어가는 줄도 모른다 / 186

그 밖의 것들에 관하여

- 나를 해치는 최대의 적은 바로 자신이라는 사실을 잊지 마라 / **194**
- 누구보다 먼저 자기 자신을 신뢰하라 / **198**
- 아무리 힘들고 바빠도 소중한 것을 잃지 마라 / **201**
- 당신이 절대로 해고당하지 않을 이유를 만들어라 / **204**
- 아마추어로 놀지 말고 프로가 되어라 / **209**
- 책 읽기를 밥 먹듯이 하고 가끔 여행을 떠나라 / **213**
- 눈치만 보지 말고 아예 상사를 감동시켜라 / **217**
- 할 일, 안 할 일을 분명하게 가려서 해라 / **221**
- 적을 사지 말고, 있는 적도 친구로 만들어라 / **224**
- 이미 잃은 것보다는 아직도 내게 남아 있는 것을 생각하라 / **229**
- 자신을 팀의 일원으로 작동시키고 최상의 팀워크를 구사하라 / **233**

일과
직장에
관하여

이런 사원은
사표를 써라

현재의 자기 일을 우습게 여기고 불평불만부터 일삼으며, 일도 제대로 배우기 전에 출세의 사다리부터 기웃거리는 **바로 그런 사원은 사표를 써라!**

내가 자칫 업신여기기 쉬운 '이런 일'에 나를
성공으로 이끄는 기회가 숨어 있다. 그런 절호의 기회를 발견하지 못하고 푸념이나 일삼으며 세월을 보내는 사람은 비록 자기가 원하는 '자리'에 오른다 해도 결코 성공할 수 없다. 자리는 행운이나 아부 또는 배경으로도 차지할 순 있겠지만 그 자리를 빛내는 것은 오로지 그에 어울리는 실력과 인격이기 때문이다. 지금 이 시간에도 '자리 타령'이나 하면서 시간을 낭비하고 있는 직장인이 있다면 먼저 발상부터 바꿔라. 자리가 사람을 빛내는 것이 아니라 사람이 그 자리를 빛내는 것이다.

1 나는 이런 일이나 하고 있을 사람이 아니라고 투덜댄다

> 남이 나를 알아주지 않는 것을 탓하기 전에
> 내가 남을 몰라주는 것을 탓하라.
>
> _ 공자

명문 Y대학교 경영학과를 나와 "잘 안 풀려서"(본인의 표현을 빌리자면) H기업(재벌급 기업은 아니지만 탄탄한 우량기업이다)에 취직한 후배 녀석 K가 언젠가 술자리에서 이런 푸념을 늘어놓았다.

"형님들, 기가 막혀서 일할 기분이 안나요. 세상에 나 같은 인재를 몰라보고 영업부로 발령을 내는 거 있죠. 대기업 기획부서에서 머리로 끝발을 날리고 있어야 할 내가 조막만한 회사에서 이렇게 땀나도록 발품이나 팔고 있으니… 이거 뭐가 잘못된 거 아닙니까? 이렇게 마지못해 다니느니 대기업 쪽으로 옮겨야 할까 봐요. 이래 뵈도 저 오라는 대기업들 많다구요."

요즘 4,50대 남성들의 관심을 끌며 방영되고 있는 드라마 「영웅시대」의 주인공 '천태산'은 현대그룹 故정주영 회장이 모델이라 한다(정주영 회장은 실제로 쌀가게 점원으로 첫 직장 생활을 시작했다). 쌀가게 점원으로 취직한 천태산이 하는 일이란 아침저녁으로 가게 청소하고, 주문받은 쌀을 배달하는 거였다. 여기까지는 누구나 가게 점원이 되면 해야 하는 일이다. 그러나 천태산은 당연히 해야 하는 일에서 그치지 않았다. 청소 하나, 배달 하나에도 온 정성을 기울였다. 고객들에게 자기 가게 쌀 맛이 어떤지 물어보고 불편한 점은 없는지를 살폈다. 그리고 시간이 날 때마다 공사장이며 시장 가리지 않고 '영업'을 다녔다. 모름지기 장사란 발로 뛰어야 한다는 거였다. 가게 주인이 시킨 바도 아니지만 천태산은 어떤 일을 하든지 최선을 다하고 제대로 해야 한다는 습관이 몸에 배어 있었다.

그런 천태산을 가게 주인이 남달리 보는 것은 당연했다. 천태산의 이런 노력으로 가게 매출이 순식간에 몇 배로 늘어나자 주인은 가게 운영을 천태산에게 거의 일임할 정도였다. 천태산은 이런 과정을 통해 자기의 몸값을 올리고 사업 감각을 키우게 되었다. 무엇보다 '천태산'이라는 이름 석자에 '믿음'과 '능력'이라는 강력한 브랜드를 입히게 된 것이다.

그러나 내 후배 K는 더 없이 좋은 기회가 주어졌는데도 푸념만 늘어놓고 있다. 기업의 말초신경은 바로 생산 현장과 영업 현장이다. 특히 영업 현장은 고객을 만나는 최일선이다. 기업의 전략을 기획하고 상품을 개발하는 데 영업 경험만큼 더 좋은 공부가 있을까? 본인의 꿈이 '전략기획실'에서 일하는 것이라면, 과연 어떤 밑천을 가지고 유능한 사원이 될 것인가를 고민해야 한다. 아무런 밑천도 없이 무작정 이른바 '출세 코스'만 바라보면서 불평을 일삼는다면 허송세월만 보내게 될 뿐이다.

한국 최고의 CFO로 인정받고 있는 KTF의 홍영도 상무(재무관리본부장)도 처음에는 지역 전화국의 영업부서에서 근무했다. 전남대 회계학과를 졸업하고 4급 공채로 입사한 그에게는 내세울 만한 학벌도 배경도 없었지만 입사 1년 만에 본사 기획조정실에 발탁되었다. 어디든 있는 자리에서 최선을 다하는 그의 열정을 높이 산 상사가 그를 본사에 추천한 것이다. 기획조정실에서 그가 맡은 업무는 기업형 회계 시스템을 구축하는 일이었다. 그는 이에 필요한 자격과 실력을 높이기 위해, 그 바쁜 가운데서도 발령 4년 만에 공인회계사 자격증을 획득하는 열정을 보였다. 만약 그가 지역 영업부서에 있을 때 내 후배 K처럼 투덜거리기나 하면서 허송세월했다면 영영 재능을 살릴 기회를 잡지 못했을 것이다.

조선시대, 의원의 최고 직위인 어의를 지냈으며 신분의 벽을 넘어 정승의 반열에 오른 허준도 처음에는 물을 긷고 약초를 캐는 일부터 시작했다. 남들보다 늦게 들어선 길이라서 조급증이 일 만도 하건만 그는 차근차근 '기본'을 밟아나가는 데 온갖 정성을 다 바쳤다. 물 한 동이를 길으면서도 약의 쓰임새에 따른 물의 종류를 헤아렸고, 약초 한 뿌리를 캐면서도 잔뿌리 하나 다치지 않도록 정성을 쏟았다. '나는 이런 일이나 하고 있을 사람이 아니'라는 어설픈 치기 대신 '이 모든 일이 내 꿈을 이루는 데 소중하기 그지없다'는 프로 의식이 온통 그를 채우고 있었다.

우리가 자칫 업신여기기 쉬운 '이런 일'에 당신을 성공으로 이끄는 기회가 숨어 있다. 그런 절호의 기회를 발견하지 못하고 푸념이나 일삼으며 세월을 보내는 사람은 비록 자기가 원하는 '자리'에 오른다 해도 결코 성공할 수 없다. 자리는 행운이나 아부 또는 배경으로도 차지할 순 있겠지만 그 자리를 빛내는 것은 오로지 그에 어울리는 실력과 인격이기 때문이다.

■ ■ ■ **Review** Focus

'나는 이런 일이나 하고 있을 사람이 아니'라는 어설픈 치기 대신 '이 모든 일이 내 꿈을 이루는 데 소중하기 그지없다'는 프로 의식으로 무장하라.

2 일도 배우기 전에 출세의 사다리부터 기웃거린다

> 성공이란 그 결과로 측정되는 것이 아니라 그것에 들인 노력의 총계로 측정된다.
>
> _ 토머스 에디슨

우리 직장인들은 "억울하면 출세하라"는 푸념을 곧잘 입에 달고 산다. 언젠가 은사님을 모신 회식 자리에서 '출세'가 화제에 올랐다. 은사님은 출세에 관해 제자들과는 사뭇 다른 의견을 주셨다. "출세란, 무작정 돈 많이 벌고 높은 자리에 올라가는 것이 아니라 자기가 있는 곳에서 가장 자랑스러운 사람, 가장 필요한 사람이 되는 것이라네. 그러면 돈이나 자리는 자연히 따라오게 되어 있다네." 폐부를 찌르던 그 말씀이 아직도 귀에 생생하다.

진정으로 자기를 사랑하는 한 가지 방법은, 자기가 있는 곳에서 반드시 필요한 사람이 되는 것이다. 교묘한 처세술을 활용하여 좀

더 좋은 자리를 차지하고 남들보다 빨리 승진하는 데만 정신을 파는 것은 어쩌면 자기를 망치는 길로 치닫는 것인지도 모른다. 많은 사람들이 자기가 처한 곳에서 원대한 꿈을 키워가기보다는 그 자리를 이용하여 하찮은 이익을 탐하다가 인생을 망치고 만다.

1970년대 초, 미국의 어느 대형 백화점에서 신입 사원을 모집하였다. 내로라하는 인재들이 구름처럼 모여들었다. 회사에서는 1, 2차 시험과 면접을 거쳐 최종 합격된 응시자들에게 희망 지원 부서와 하고 싶은 업무를 적어내라고 하였다. 모두들 한결같이 세칭 노른자위 부서에서 판촉 기획, 제품과 인사 관리 등의 근사한(?) 업무를 보고 싶다고 적어냈다. 그런데 수석으로 합격한 프랭크만이 백화점 객장 엘리베이터 안내 업무를 하고 싶다고 적어냈다.

사장은 프랭크를 불러 "자네는 수석 합격자이므로 원하기만 한다면 얼마든지 좋은 부서에서 일할 수 있는데 왜 하필 엘리베이터 안내 업무를 자원했느냐?"고 물었다. 프랭크는 "그 이유는 나중에 말씀드릴 테니 꼭 그곳에서 일하게 해달라"고 간청하였다. 사장은 의아스러웠지만 프랭크의 청이 하도 간곡하여 그가 원하는 대로 해주었다.

프랭크가 엘리베이터 안내 업무를 맡은 지 1년쯤 되었을 때 그에 대한 고객들의 칭송이 자자했다. 사장이 프랭크를 불러 "이제 그만하면 되었으니 중요한 부서에서 좀더 생산적인 업무를 맡으라"고 제의했다. 그러자 프랭크는 "아직 제가 계획한 일을 끝내지 못했습니다. 3년을 채우게 해주십시오. 그때는 사장님의 뜻에 따르겠습니다" 하고 간청했다.

프랭크는 그렇게 3년 동안 엘리베이터 안내 업무를 마친 후 사장에게 찾아가 두툼한 서류 뭉치를 내놓으며 말했다. "이 서류에는 우리 백화점을 찾는 거의 모든 고객들의 신상에 관한 통계가 일목요연하게 정리되어 있습니다. 매장별 고객 유형, 구매 행태, 제품이나 시설은 물론 직원들의 태도에 대한 불만 사항, 개선을 바라는 점 등에 관한 것입니다. 이제야 저는 비로소 어떤 부서에서 일하든 제가 무슨 일을 어떻게 해야 할지를 알게 되었습니다. 바로 이것이 제가 3년 동안 고객 안내 업무를 맡은 이유입니다." 사장은 무릎을 치며 감탄해 마지않았다. "자네야 말로 우리 백화점에 꼭 필요한 인재일세."

이처럼 아무도 관심을 두지 않는 곳에 자기를 빛낼 수 있는 보석이 숨어 있을 수 있다. 대부분의 사람들이 명리名利를 좇아 우왕좌왕하는 사이에 이처럼 차분하게 자기를 키울 수 있는 기회가 숨어 있을 수 있다.

지금 진지하게 돌이켜보라. 당신은 자신을 빛내기 위해 어떤 방식으로 얼마나 노력해왔는지? 이것은 아주 중요한 질문이다. 좋은 자리만 차지한다고 해서 자신이 저절로 빛나는 것은 아니다. 프랭크는 눈앞의 좋은 자리 대신 빛나는 자신의 존재를 만들기 위해 3년 동안이나 기꺼이 고생(?)을 즐겼다. 그는 일을 배우는 데 있어서 핵심을 놓치지 않았다. 그리고 일로써 상사를 감동시켰다.

　실력을 키우는 것은 뜻을 이루는 시작이고, 요령만 키우는 것은 자기를 망치는 시작이다. 진정으로 자기를 사랑한다면 자기를 가장 떳떳하고, 가장 건강하고, 가장 필요하고, 가장 자랑스러운 사람으로 만들 줄 알아야 한다.

　지금 이 시간에도 '자리 타령'이나 하면서 시간을 낭비하고 있는 직장인이 있다면 먼저 발상부터 바꿔라. 자리가 사람을 빛내는 것이 아니라 사람이 그 자리를 빛내는 것이다. 그러면 그 사람도 자연히 빛나게 되어 있다. '빛나는' 자리를 탐하는 것은 결국 부질없다. 호랑이 등에 올라탄 여우의 착각(다른 동물들이 굽신거리자 여우는 자기를 보고 그러는 줄 알고 우쭐댄다)에서 이제는 벗어나야 한다.

■ ■ ■ **Review** Focus

출세란, 무작정 돈 많이 벌고 높은 자리에 올라가는 것이 아니라 자기가 있는 곳에서 가장 자랑스러운 사람, 가장 필요한 사람이 되는 것이다. 그러면 돈이나 자리는 자연히 따라오게 되어 있다.

3 회사에 충성할 일 있느냐는 식으로 근무한다

> 내가 가진 최선의 것을 세상에 주면
> 그 최선의 것 이상으로 돌려받게 될 것이다.
>
> _ M. A. 베레

"뛸 사람은 뛰어라. 걸을 사람은 걸어라. 뛰고 걸을 수 있는 능력이 없는 사람은 그 자리에 앉아서 쉬어도 좋다. 다만 뛰고 걸으려는 사람 뒷다리만 잡지 마라. 그래야 내가 가만히 앉아 있어도 뛰고 걷는 사람 덕분에 발전해서 먹고 산다."

삼성그룹 이건희 회장이 한 얘기다. 우리 사회의 고질적인 병폐를 꼬집은 뼈아픈 일갈이다. 사실 어느 조직이든 잘하려는 사람 뒷다리 잡고 늘어지는 인간이 분위기를 주도하게 되면 망하는 건 시간문제다. 대개 매사에 건성인 사람은 더 생산적이고 발전적인 방법을 찾기보다 더 편한 방법만 찾는다. 그때그때 순간만 대충 편하게 때우면 그만이라는 생각으로 살아간다. 다른 사람이 매사에 최선을 다하고자 하면 "당신, 회사에 충성할 일 있어? 그런다고 월급 더 주는 것도 아니잖아. 대충 하지" 하는 식으로 딴죽을 건다.

그런 사람은 '충성忠誠'의 진정한 의미를 모른다. 우리는 흔히 '忠'을 다른 사람이나 조직에 복종한다는 정치적 수사로 알고 있지만 그 본래 뜻은 나의 존재를 바로세우는 철학적 함축이다. 忠은 "마음(心)의 중심(中)을 잡는다"는 의미다. 그리고 誠은 "말한 바(言)를 행동으로 이룬다(成)"는 의미다. 그러므로 언제 어디서고 매사에 최선을 다하는 것은 국가나 회사에 충성하는 일이기에 앞서 바로 나 자신에게 충성하는 것이다.

우리는 흔히 남이야 어찌 되었든 자기 잇속만 먼저 챙기는 사람을 일러 '이기적利己的'이라고 한다. 그러나 사실 따지고 보면 그런 사람은 전혀 '이기적'이지 못하다. 자기를 이롭게 해야 하는데, 오히려 자기를 해치는 사람이기 때문이다. 결국 나를 이롭게 하는 사람은 나 자신이 아니라 다른 사람이다. 내가 그 다른 사람을 이롭게 하면 나는 그 다른 사람으로 인하여 이로움을 입게 된다. 내가 스스로 이로움을 구하여 다른 사람을 해롭게 하면 결국 나는 그 다른 사람으로부터 해로움을 입게 된다. 적어도 나의 이로움을 구하고자 다른 사람을 해치는 그 행위 자체가 나를 파멸로 이끈다. 무슨 궤변이냐고 힐난할지 모르겠지만 나 자신과 주위 사람들을 돌아보면서 곰곰이 생각해 보라.

 서른 살의 존 빌은 심장발작으로 쓰러져 의사로부터 3개월밖에 살지 못한다는 사형선고를 받았다. 어찌할 바를 모르고 절망에 빠진 존은 어느 날부턴가 집 근처를 흐르는 샛강을 망연히 바라보고 있었다. 예전에는 매년 연어가 올라와서 연어의 등을 밟고 건너다닐 정도로 깨끗했다는 강이, 공장 폐기물이 쌓이면서 죽은 강으로 변해 있었다. 그는 비참하게 망가진 강을 보고 그것이 자신의 인생이라고 생각했다. 그때 자신의 내면이 그에게 말을 걸었다―그 강이 너의 인생이라면 그 강을 다시 살려보라고.
 그 후 존은 자신의 불행한 현실을 잊기 위해 그 강을 청소하는 일에 매달렸다. 쓰레기를 건져 올리고 자석으로 강바닥의 쇠붙이를 긁어모으기도 했으며, 물을 정화시키기 위해 강둑에 나무를 심기도 하면서 강을 살리는 일에 매달렸다. 그는 그 일에 너무 열중한 나머지 그가 이미 죽었어야 할 3개월이 지난 지도 모르고 있었다. 그의 육체도 강과 함께 다시 소생하고 있었던 것이다. 그 샛강은 생명력을 되찾았고 연어가 알을 낳기 위해 다시 찾아들었다. 존은 그 후 16년이 지난 오늘날까지도 여전히 건강한 몸으로 환경보호단체를 이끌고 있다.

 이처럼 '이타利他'로써 '이기利己'를 구한 사례는, 조금만 관심을 기울여 주위를 둘러보면 얼마든지 찾을 수 있다. 이건희 회장의 말처럼 뛰려는 사람을 격려하고 함께 뛰지는 못할망정 뒷다리를 잡는 짓은 결국 자신을 망치는 행위다. 우리는 종종 나 자신과 내가 속한 직장을 이분법으로 생각하는 잘못을 범하는데, 이는 치명적인 오산이다. 생각해 보라. 내가 속한 직장은 내가 가장 많은 시간을 보내는 가장 중요한 인생의 장이다. 바로 이곳에서 '충성'을 다하지 않고 도대체 어디에다 충성을 바친단 말인가. 그 직장에 불만이 있고 없고는 별개의 문제다. 떠나지 않고 현재 남아 있는 한, 바로 그곳에 충성을 바치는 것이 나 자신에게 충성하는 길이다. 당신이 진정으로 '이기적'인 사람이라면 당신의 직장에, 당신의 업무에, 당신의 동료에게, 당신의 가족에게 충성을 다하라.

■ ■ ■ **Review** Focus

충忠은 "마음(心)의 중심(中)을 잡는다"는 의미이며, 성誠은 "말한 바(言)를 행동으로 이룬다(成)"는 의미다. 그러므로 언제 어디서고 매사에 최선을 다하는 것은 국가나 회사에 충성하는 일이기에 앞서 바로 나 자신에게 충성하는 것이다.

4 시키는 일 외에는 할 생각도 없고 아무 일도 못한다

> 당신이 알고 있다는 것을 증명하는 길은
> 그것을 행동으로 보여주는 것뿐이다.
>
> _ 리처드 바크

상사가 시키는 일은 지시한 그대로 틀림없이 해내지만 그 밖의 일은 아예 생각지도 않는 사람들은 대개 세 부류로 나뉜다. 하나는 자기 스스로 판단하고 일을 만들고 추진할 자신감이 없는 경우이고, 다른 하나는 그런 능력이 있음에도 불구하고 괜히 시키잖은 일을 벌여서 고생은 고생대로 하고 욕이나 먹지 않을까 두려워하는 경우이다(아니면 그저 게을러서 그러는 것일 수도 있다). 또 다른 하나는 자기는 그런 일이나 하고 있을 사람이 아니며 언젠가 더 중요한 일을 할 사람이라는 생각으로 가득 찬 경우이다. 세 경우 모두 안일 무사하고 무책임하기는 마찬가지다. 회사나 상사에 대해 무사안일하고 무책임하기에 앞서 자기 자신과 자기 일에 대해 무사안일하고 무책임하다. 결국은 자기 인생에 대해 무책임한 것이다.

직업상담사 정연식 씨는 『직장인, 프로 vs 포로』에서 샐러리맨을 직장인형(현재의 직장에서 열심히 노력하여 이사나 사장 자리까지 오르겠다는 유형), 직업인형(자기 분야에서 최고 전문가가 되겠다는 유형), 기업가형(결국은 자기 사업을 하겠다는 유형)으로 나눠 설명하고 있는데, 나는 여기에 호구지책糊口之策형 샐러리맨 유형을 하나 더 추가하고 싶다. 시키는 일 외에는 할 생각도 없고 아무 일도 못하는 사람이 바로 그런 유형에 속한다. "먹고 살기 위해 마지못해 직장에 다니는 사람들"이다. 지금 자신이 그런 유형에 속하지는 않는지 냉정하게 돌아볼 일이다.

물론 업무에 아무 관련도 없는 엉뚱한 일을 저질러 분란을 일으키라는 얘기는 아니다. 아무리 시켜서 하는 일이지만 창의적·적극적으로 수행하면서 그 일의 방법론을 끊임없이 개선시키고 부가가치를 높이라는 것이다. 그러기 위해서는 먼저 자기가 맡은 일의 성격을 완벽하게 꿰뚫고 있어야 한다. 그런 다음 상황을 장악하고 일을 주도적으로 수행해야 한다. 그리고 가장 중요한 것은 그 일을 즐기는 것이다.

이왕 해야 할 일을 왜 마지 못해 하는 시늉을 내야 하는가. 그 얼마나 서글픈 인생인가. 그렇게 사는 인생에 즐거운 시간은 그 언제인가. 하루 종일 눈치 보느라 바쁘고, 이리 치이고 저리 치이느라 스트레스에 찌들어 지내다가 퇴근하면 상사나 회사를 안주 삼아 씹어대며 술잔에 빠져 무너진다. 그렇게 술에 절어 밤늦게 집이라고 들어서면 누가 예쁘다고 반길 것인가. 아내의 잔소리도 이제는 면역이 되어 그대로 침대에 무너지며 서글픈 샐러리맨의 하루를 마감한다. 내일이라고 특별히 달라질 것도 없는데 잠인들 달게 자고 꿈인들 곱게 꿀 수 있을 것인가.

이런 사람은 마크 샌번이 쓴 『우체부 프레드』를 반드시 읽어보시기 바란다.

가장 훌륭한 우체부로 기억되고 있는 프레드의 성공 비결은 단지 그 일을 "즐겼다"는 것이다. 그가 월급을 받는 대신 주어진 의무는 할당된 우편물을 주소대로 우편함에 정확하게 집어넣으면 되는 것이다. 그러나 그는 그런 의무감만으로 일하지는 않았다. 그의 동료들은 물론 우편물을 받는 고객들에게까지 그의 관심과 배려, 사랑과 정성을 확장시켰다. 스스로 자기 일의 부가가치를 높인 것이다.

프레드는 자기가 맡은 구역의 사람들에게 친절하게 인사를 하면서 그들의 라이프 사이클을 일일이 파악했다. 가령 『우체부 프레드』의 저자 샌번 같은 경우에는 장거리 여행이 잦아 일주일씩 집을 비우는 일이 잦으므로 우편함에 우편물이 쌓여 넘치게 마련이다. 그렇게 되면 도둑의 표적이 되기 십상이다. 그것을 염려한 프레드는 샌번에게 오는 우편물 가운데 작은 것만 우편함에 집어

넣고 큰 것은 현관문 아래로 밀어 넣어 밖에서 보이지 않도록 했다. 게다가 큰 상자로 오는 우편물은 자기가 보관하고 있다가 샌번이 집에 오는 날에 맞추어 본인에게 직접 전달했다. 그뿐 아니다. 우편물을 배달하면서 현관에 부착된 광고물을 떼어내고, 길거리에 흩어진 신문지도 치우고, 아무렇게나 뒹구는 재활용 쓰레기통까지 정돈해 놓았다. 우편물을 배달하는 일은 그에게 더없는 즐거움이었고 고객들은 모두 그의 소중한 친구였다. 그렇게 하여 프레드는 최고의 우체부가 되었고 전 미국을 감동시켰으며, 이제 그 감동은 전 세계로 퍼져가고 있다. 바로 이런 게 진정한 성공이다.

어디서든 그 자리에서 최선을 다한다면 더 좋은 기회는 자연히 따라오게 마련이다. 열정을 가지고 몰입하게 되면 아무리 하찮아 보이는 일이라도 그것이 누군가 해야 할 일이라면 얼마든지 중요한 일로 만들 수 있고, 결국 그 일이 전체를 빛내게 된다. 당신도 프레드처럼 일한다면 굳이 직장인 유형이니 직업인 유형이니 할 것 없이 자기 분야에서 최고가 될 것이며, 원한다면 사업가로도 틀림없이 성공할 수 있을 것이다.

■ ■ ■ **Review** Focus

어디서든 그 자리에서 최선을 다한다면 더 좋은 기회는 자연히 따라오게 마련이다. 열정을 가지고 몰입하게 되면 아무리 하찮아 보이는 일이라도 중요한 일로 만들 수 있고, 결국 그 일이 전체를 빛내게 된다.

5 사소한 일에 시간을 보내다가 정작 중요한 일을 하지 못한다

사소한 것들은 눈으로 보고
소중한 것들은 마음으로 느낀다.

_ 생텍쥐페리

겉으로 보기에는 야근을 밥 먹듯이 하면서까지 눈코 뜰 새 없이 바쁘게 일하는데도 허구한 날 상사에게 깨지는 직원이 있는가 하면, 얄밉도록 여유롭게 일하면서도 상사에게 인정받는 직원이 있다. 물론 후자의 업무 수행 능력이 더 뛰어난 점도 있을 수 있겠지만, 대개는 업무를 분배하여 처리하는 노하우에서 그 차이가 비롯한다. 업무를 분배하는 데는 우선순위를 정하는 것이 핵심이다. 우선순위를 정하는 데는 가장 먼저 그 일의 중요도를 고려한다. 그리고 긴급성이나 지속성, 소요 시간 등을 참조한다.

이처럼 우선순위에 따른 일의 분배가 이뤄지지 않으면 아무리 뛰어난 능력을 가진 사람이라도 늘 일에 치이고 헤맬 수밖에 없다. 시간은 정해져 있고 잡무는 계속 늘어나기 때문이다. 이런 잡무를 통제하는 것이야말로 중요한 일에 역량과 시간을 집중할 수 있는 선결 과제다.

언젠가는 일을 우선순위별로 해야겠다고 생각만 할 게 아니라 지금 당장 자신의 하루 일과를 분 단위로 아주 세밀하게 메모해 보라. 그러면 현재 자신의 '업무 지도'가 선명하게 드러날 것이다. 한 번에 끝내도 될 일을 두세 번씩 되풀이하느라 쓸데없이 허비한 시간이 보일 것이고, 하찮은 일들에 붙들려 얼마나 많은 시간을 낭비했는지 한눈에 드러날 것이다. 그리고 평소에 잘 정리해 놓는 버릇을 들였더라면 몇 초 만에 찾을 수 있는 데이터를 찾느라 매번 얼마나 헛고생을 하고 있는지도 깨닫게 될 것이다.

이렇게 일주일만 메모한 업무일지를 들여다보면 일을 어떻게 세팅하여 처리하는 것이 가장 효율적인지 최선의 업무 지도가 그려질 것이다. 그리고 최선의 업무 지도를 실행하기 위해 평소에 어떤 점을 개선하고 보완해야 할지도 드러날 것이다.

일 잘하는 사람들의 비결은 더 빠른 속도로 일하거나 더 오래 일하는 데 있는 게 아니라 "더 효과적으로 일하는" 데 있다. 경영 연구가 제프리 모스가 쓴 『일 잘하는 사람들의 시간관리 *Time Savers*』에는 업무 시간을 경영하는 탁월한 전략과 실천 매뉴얼이 99가지 항목으로 일목요연하게 정리되어 있다. 늘 "바빠서 시간이 없다!"고 비명을 지르는 사람들에게 아주 유용한 책이다. 여기서도 "일의 중요도와 긴급성에 따라 우선순위를 정한다"는 것을 매우 중요한 시간관리 황금률로 들고 있다.

그런가 하면 경영 컨설턴트 페그 피커링은 『How to make the most of your workday』에서 "목표의 20퍼센트만 이루어도 80퍼센트의 업무 효과를 낼 수 있다"고 말하면서 그 비결을 전하고 있다. 처리해야 할 업무 10가지 항목 가운데 최우선 순위 2가지만 제대로 처리하면 전체 업무의 80퍼센트를 처리한 것이나 마찬가지라는 것이 비결의 요지다. 피커링은 자신의 생각을 다음과 같은 사례를 들어 생생하게 전하고 있다.

1904년, 베들레헴 철강회사의 경영고문으로 있던 아이비 리는 어느 날 예고도 없이 찰스 스왑 사장을 방문하여 대뜸 이렇게 말했다.
"회사의 생산성을 획기적으로 늘려줄 아이디어가 있어 사장님을 방문했습니다. 이 방문의 대가를 바라지는 않겠습니다. 그 대신, 제 아이디어를 실행해 보시고 효과가 있다면 직원들과 공유하십시오. 그런 다음, 가치가 있다고 판단되어 값을 치르고 싶으시다면, 인정하신 가치의 크기만큼만 주십시오."
"나는 밑져야 본전이군요. 그 대단한 아이디어라는 게 뭡니까?"
"우선, 하루 일과 가운데 가장 중요한 6가지를 순번을 매겨 정리합니다. 그리고 순번대로 일을 시작하는 겁니다. 1번을 끝냈으면 나머지 5가지를 재평가하여 순번을 조정한 다음 2번 일을 시작하십시오. 그런 식으로 계속 일을 끝내는 겁니다. 그날 안에 6가지 일을 다 끝내지 못할 수도 있겠지만 걱정하실 필요는 없습니다. 다른 어떤 방법을 썼어도 어차피 끝내지 못했을 것이니까요. 가장 중요한 일은 이미 끝내놓은 상태 아닙니까. 설령 1번 업무를 채 끝내지 못했다고 해도 가장 중요한 일에 계속 집중하고 있는 셈이니 전혀 걱정하실 일이 아닙니다."

그로부터 몇 개월 후, 아이비 리는 사장으로부터 감사의 편지와 함께 2만 5000달러짜리 수표를 받았다.

일은 매우 중요하고도 긴급한 일, 매우 중요하지만 덜 긴급한 일, 긴급하지만 덜 중요한 일, 긴급하지도 않고 덜 중요한 일로 나눌 수 있다. 그런데 많은 사람들은 급한 일에만 매달려 시간을 보내느라 정작 중요한 일을 소홀히 한다. 더 나쁜 것은, 일 축에도 못 끼는 온갖 잡무에 치여 정작 본 업무를 처리할 시간이 부족하다는 것이다. 모든 일을 같은 비중으로 처리하기 때문이기도 하지만 잡무를 짧은 시간에 효과적으로 처리할 수 있는 시스템을 갖추기 못해 일어나는 폐단이다.

■ ■ ■ **Review** Focus

꼼꼼하게 메모한 업무일지를 들여다보면 가장 효율적인 업무 지도가 그려질 것이고, 그 업무 지도를 실행하기 위해 어떤 점을 개선하고 보완해야 할지도 분명하게 드러날 것이다.

6 그때그때 상황만 모면하려 들고 근본적인 문제 해결 의지가 없다

> 잘못을 저지르는 것은 부끄러운 일이지만 그것을 시인하고 고치는 것은 부끄러운 일이 아니다.
>
> _ 장 자크 루소

어느 대기업에서 사원들을 대상으로 거짓말에 관한 설문조사를 실시했는데, 1위는 "아, 그거요? 지금 다 돼 갑니다"가 차지했다. 대개는 시작도 안 했으면서 그 순간 상황만 모면하기 위해 약방의 감초처럼 써먹는 거짓말이다. 2위는 "아~ 몸이 너무 안 좋아서요"(물론 꾀병이다)였고, 3위는 "지금 너무 바빠서요"(사실은 애인과 채팅중이거나 온라인 게임에 몰두해 있는 중이다)였다. 4위는 지각에 대한 핑계로 "차가 너무 막혀서요"(사실은 늦잠을 잤다)가 차지했고, 5위는 회식에 빠지기 위한 핑계로 "중요한 약속이 있어서요"가 차지했다.

순간 상황을 모면하려는 거짓말이 단연 1위를 차지한 걸 보면,

아직도 업무를 깔아뭉개고 앉아 있다가 독촉을 받아가면서 얼렁뚱땅 땜질하듯 처리하는 사람들이 많은 모양이다.

사실 이런 식의 거짓말은 자기는 물론 회사에도 심각한 상황을 초래한다. 자꾸 미루려면 차라리 그 일을 처음부터 못하겠다고 하는 편이 낫다. 괜히 깔아뭉개고 앉아 시작도 하지 않았으면서 "다 돼 간다"고 거짓말을 일삼는 사이에 다른 쪽의 관련 업무는 이미 착착 진행되고 있다. 결국 나중에 보면 자기 한 사람 때문에 프로젝트가 지연되고, 심지어는 다른 사람들이 모두 헛수고한 꼴이 되는 황당한 사태에 이르게 된다. 그러므로 그때그때 상황만 모면하려는 버릇은 치명적인 독이 된다. '모면받은 상황'이 쌓여 급기야는 상황 자체를 비극적으로 종료시켜 버린다.

『성공하는 사람들의 7가지 습관』의 저자 스티븐 코비는 감성지수(EQ)를 강조하면서 "첫째, 친절해라. 둘째, 약속을 지켜라. 셋째, 의리를 지켜라. 넷째, 기대를 충족시켜라. 다섯째, 잘못했으면 사과해라"고 조언한다. 코비의 조언이 아니더라도 무엇보다 약속을 지키는 것이 중요하다. 그 약속에는 남과의 약속뿐 아니라 자기 자신과의 약속도 포함된다. 사람들은 대개 자기 자신과의 약속은 약속이라고 의식하지 않지만 사실 남과의 약속도 따지고 보면 자기 자신과의 약속에 속한다. 스스로 지키겠다고 자발적으로 다짐했기 때문에 약속이 이루어진 것 아닌가.

사람이다 보니 상황에 따라 처음 약속을 지키지 못할 때도 있다. 이럴 때 써먹으라고 '정직'이 있는 것이다. 약속을 지키지 못하게 되면 정직하게 털어놓고 사과하는 것이 문제를 근본적으로 해결하는 기본 태도다. 정직하지 않으면 하나의 거짓말을 위해 적어도 '일곱 개'의 거짓말을 보태야 한다. 그러는 사이에 상황은 점점 악화되고 신뢰를 잃어간다. "재물을 잃는 것은 작은 것을 잃는 것이요, 건강을 잃는 것은 모든 것을 잃는 것"이라는 격언이 있지만 나는 "재물을 잃는 것은 아주 조금 잃는 것이요, 건강을 잃는 것은 아주 많이 잃는 것이요, 신뢰를 잃는 것은 모든 것을 잃는 것"이라고 고쳐 말하고 싶다. 아무리 재물이 많고 건강한들 신뢰를 잃고서야 어찌 더불어 일을 하고 무슨 큰일을 할 수 있겠는가.

"호미로 막을 일을 가래로 막는다"는 속담이 있다. 작은 병을 방치하면 큰 병이 되고 급기야는 회복 불능의 지경에 빠지게 된다. 회사 업무도 마찬가지다. 문제가 생기면 '근본적인' 해결책을 궁리해야 한다. 혼자서 해결할 수 없는 문제라면 동료든 상사든 관련된 사람들에게 즉시 사실대로 알려 도움을 받아야 한다. 잘못이나 실수를 감추게 되면 잠시 동안은 문제를 덮어둘 수 있을지 모르겠지만 그 문제가 근본적으로 해결되기 전까지는 내내 불안에 떨어야 하고, 결국 감당할 수 없는 지경에 이를 수도 있다.

또 종종 상식적으로 도저히 불가능해 보이는 과제가 떨어질 때도 있다. 이때도 해결 의지가 중요하다. 말도 안 되는 얘기라며 불평을 일삼는 순간 능력을 발휘할 수 있는 좋은 기회를 날려 버리게 된다. 그러나 한번 해보자는 결연한 의지로 그 과제를 받아들인다면 이미 절반은 해결한 것이나 마찬가지다.

기업계에 전설처럼 회자되고 있는 현대그룹 정주영 회장의 '유조선 공법'이 그렇고, C 건설회사의 사우디아라비아 '횃불 공사'가 그렇다(『공병호의 이런 간부는 사표를 써라』, 96쪽에 그 일화가 소개되어 있다). 반드시 해결해야 할 과제라면 그 해결책도 반드시 있게 마련이다. 누구나 할 수 있는 일로는 당신의 진정한 능력을 보여줄 수 없다. 남들이 하기 어려운 일이 생겼을 때 그것을 해결하는 데 열정을 불태워라. 이럴 때는 발상의 전환이 필요하다. 상식을 뒤집어 버리는 과감한 혁신의 정신이 필요하다.

어디서 무슨 일을 하든지 일단 긍정적으로 받아들이고 몰입할 수 있어야 한다. '진인사대천명盡人事待天命'을 실천하는 사람은 실패도 아름답다. 에디슨의 말처럼 그 실패야 말로 성공의 어머니이기 때문이다.

■ ■ ■ Review Focus

재물을 잃는 것은 아주 조금 잃는 것이요, 건강을 잃는 것은 아주 많이 잃는 것이요, 신뢰를 잃는 것은 모든 것을 잃는 것이다.

7 사사로운 이해관계에 얽매여
스스로를 옭아맨다

> 윤리는 어떤 일을 금지하는 규칙 체계가 아니라 어떻게 살아야 하는가에 대한 사유의 토대다.
>
> _ 피터 싱어

나랏일이든 회사일이든 사사로운 이해관계가 개입되면 거기엔 십중팔구 특혜와 뇌물이 거래된다. "팔은 안으로 굽게 마련"이라는 속담에 충실하기라도 하듯 인척이든 후배든 '내 사람 챙기기'가 횡행한다. 여기에 정정당당한 승부와 공명정대公明正大는 설 자리가 없다. 이는 나라와 회사가 망하는 길로 접어드는 첫 번째 징조다.

그러나 거대한 권력을 틀어 쥔 대통령이나 국회의원, 그리고 대기업 회장이나 사장에서부터 쥐꼬리만한 권력을 나눠 쥔 구청 말단 직원이나 기업의 자재 담당 직원에 이르기까지 '사사로움'에 빠져 패가망신한 사례는 부지기수다.

'당동벌이黨同伐異'가 교수신문에 의해 지난(2004년) 한 해 우리 사회를 말해주는 '올해의 고사성어'로 선정되었다. 이 고사는 중국 후한 때 선비 집단과 외척, 환관 세력이 치열한 권력 다툼을 벌이는 과정에서 "옳고 그름을 떠나 자기편이 아니면 무조건 배척하고 비방하는 세태"를 꼬집은 데서 비롯한다.

사실 작년 한 해뿐이랴. 사사로운 이해관계로 끈끈하게 맺어진 크고 작은 파당에 따른 당동벌이의 폐해는 가히 천 년 역사를 자랑한다. 조선 선조 때, 일본의 침략 가능성을 놓고도 동인과 서인이 갈려 당동벌이를 일삼은 끝에 결국 아무런 대비도 못하고 말았다. 그들은 심지어 백성들이 추풍낙엽처럼 참살당하는 전쟁중에도 일선의 장수를 당동벌이의 희생양으로 삼았다. 이런 어리석음은 오늘날에도 여전히 기승을 부리고 있다.

그러나 『사기史記 · 진세가晉世家』에는 이와 상반되는 감동적인 얘기(임종욱 엮음, 『고사성어대사전』에서 발췌 정리)가 전하고 있다.

춘추시대 진평공晉平公이 어느 날 기황양祈黃羊에게 물었다. "남양현의 현령 자리가 비었는데 누구를 보내는 것이 좋겠소?"

그러자 기황양은 조금도 주저하지 않고 대답하였다. "해호解狐를 보내는 것이 적합할 듯합니다. 그는 반드시 임무를 한 치의 착오도 없이 수행해 낼 것입니다."

그 대답에 평공은 의외라는 듯이 놀라며 다시 물었다. "해호는 그대와 원수 사이가 아닌가? 그런데도 그대는 굳이 해호를 추천하겠다는 것이오?"

이에 기황양이 대답하였다. "공께서는 제게 누가 적임자인가를 물었지 해호와 제가 어떤 관계인지를 물은 것은 아닙니다."

이에 평공은 해호를 남양현령으로 파견하였다. 과연 해호는 맡은 바 임무를 훌륭하게 수행하여 칭송이 자자하였다.

얼마간 세월이 흐른 뒤에 평공이 다시 기황양에게 물었다. "현재 조정에 법관 자리가 하나 비었는데, 누가 그 직책을 수행할 만하다고 보시오?"

이에 기황양이 대답하였다. "기오祈午라면 충분히 그 직책을 감당할 수 있을 것입니다."

그의 대답에 평공은 아주 기이하게 여기며 다시 물었다. "아니 기오는 그대의 자식이 아니오? 그대는 어찌 자신의 자식을 추천한단 말이오? 다른 사람들의 뒷공론이 두렵지도 않으시오?"

"그 직책에 누가 적임자인가를 물으셨기에 그를 추천한 것입니다. 언제 제게 기오가 제 자식인지 아닌지를 물으셨습니까?"

평공은 기오를 법관으로 임명하였다. 과연 기오는 법관으로서 모든 송사를 공명정대公明正大하게 처결하여 백성들도 크게 기뻐했고 누구나 그를 존경하였다.

회사 일을 처리하는 데 사사로움을 앞세우면 회사에 손실을 끼칠 뿐 아니라 결국 자승자박하게 된다. 업무와 관련하여 작으나마 금품이나 정실에 기울게 되면 점점 더 깊은 수렁으로 빠져들어 나중에는 그 수렁에 헤어 나오지 못하고 익사하게 된다. 대개 함량 미달인 상품을 들이대거나 자격 미달인 사람에 대한 인사를 청탁할 때 금품을 동원하고 정실을 앞세워 로비를 벌이게 마련이다. 이런 유혹을 거절하기 쉽진 않겠지만 첫 번에 단호하게 거절하지 못하면 계속 질질 끌려 다니다가 자기 소임을 망치게 된다.

다른 공기업도 마찬가지지만 한국통신(지금의 KT) 이상철 PCS 사업추진위원장도 한국통신프리텔(지금의 KTF) 설립을 준비할 무렵 인사 청탁 문제가 골칫거리였다. 한번은 당시(1996년) 한창 위세를 부리고 있던 정치권 고위 인사 자제의 인사 청탁이 있었다. 이때 한 중견간부가 이상철 위원장에게 "그런 사람을 받아들이면 안 됩니다. 거절하면 위원장님께서 한 번의 리스크를 떠안는 것으로 끝나지만 받아들이면 회사는 영원히 리스크를 떠안게 됩니다"라고 직언을 했다. 이런 충언을 받아들인 이 위원장은 나중에 KTF 초대 사장으로 취임하면서 그 중견간부를 인사관리팀장으로 발탁했다.

바로 이런 사장이나 사원이 있어 회사가 발전하고 아직 세상 살맛이 나는 것이다.

■ ■ ■ Review Focus

정직하고 떳떳하게 일을 처리하는 것이 가장 마음 편하게 사는 최대의 비결이다.

8 새로운 아이디어 창출에 무관심하고 늘 타성에 젖어 산다

> 개인이든 조직이든 모든 긍정적인 변화는 내부에서 시작하여 외부로 나온다.
>
> _ 기포드 핀촛

5대독자 외아들에 초등학교도 다녀보지 못한 그는 일가친척 하나 없이 15살에 고아가 되었다. 고졸에 군필자가 입사 지원 자격으로 내걸린 대우중공업에 입사하기 위해 이력서를 내려고 경비원과 실랑이를 벌이다가 이를 본 사장의 배려로 면접은 봤지만 사원 선발에서는 떨어지고 사환으로 들어가 마당 쓸고 물 길어 나르며 회사 생활을 시작했다. 매일 5시에 출근하여 회사 안팎을 거울처럼 쓸고 닦았다. 하루는 사장이 "왜 그처럼 일찍 나와서 마당을 쓰느냐?"고 묻자 "왜긴요. 출근하는 사람들 기분 좋으라고 그러지요" 하고 활짝 웃는 얼굴로 싹싹하게 대답했다. 그랬더니 그 다음날로 정식 기능공으로 승진되었다. 몇 년이 지나도록 계속 5시에 출근하여 열정적으로 일했더니 반장으로 승진되었다. 그 당시 정밀기계를 가공할 때 1℃가 변하면 쇠가 얼마나 변하는지 아는 사람은 그밖에 없었다. 그에 관한 자료를 찾으려고 샅샅이 뒤졌지만 아무 데도 없어 결국 공장 바닥에 모포를 깔고 밤을 낮 삼아 30개월을 연구한 끝에 그 답을 찾아 '온도치수가공조견표'를 만드는 데 성공했다. 그는 이런 열정으로 정밀기계 분야에서 세계 최고 전문가가 되었다.

그가 처음 정식 기능공이 되었을 때, 호랑이 선배가 기계를 먼지 하나 없이 닦으라고 시켰다. 그래서 그는 군말 없이 2,600여 개의 부속을 모두 뜯어 말끔하게 닦았다. 그렇게 6개월이 지나자 선배들의 호칭이 "야, 이 새끼야"에서 "이보게, 김군"으로 바뀌었다. 그 후론 여기저기서 서로 내 기계 좀 봐달라며 대접이 사뭇 달라졌다. 어느 날인가는 난생 처음 보는 컴퓨터를 뜯어 물로 닦는 사고를 치고 말았다. 그래서 그는 '책을 보며 공부를 해야겠다' 결심하고 머리를 싸맸다. 각종 국가기술자격시험에서 9전 10기, 6전 7기의 집념을 보였으며 운전면허 시험에서는 무려 10전 11기의 '기적'을 연출했다. 사람들은 그런 그를 '새대가리'라고 비웃었지만 현재 그는 국내 1급 자격증 최다 보유자이다.

단지 이뿐이라면 워낙 자극적으로 단련되어 있는 독자들을 실망시킬지도 모를 일이다. 다행히도 그가 이룬 '불가사의'는 계속된다. 그는 학원 근처에도 가본 적이 없지만 5개 국어를 구사한다. 비결은 간단하다. 무조건 하루 한 문장씩 외우는 거다. 그렇게 배운 외국어가, 그냥 인사 정도 나누는 실력이 아니라 외국인에게 자기 분야에 관해 설명할 수 있을 정도라니, 학교 10년 학원 수년을 다니고도 영어 하나 변변하게 구사하지 못하는 '가방 끈 긴 사람들'을 부끄럽게 한다.

무엇보다 그는 아이디어맨으로 명성이 자자하다. 제안 2만 4000여 건에 국제발명특허가 62건이나 된다. 그는 정밀기계 장인匠人으로서 끊임없이 개선을 추구한다. 어떤 때는 석 달을 고민하다 꿈에서 해답을 얻을 정도였다. 얼마나 간절했으면 귀신이 다 도왔을까. 얼마 전에는 새로운 자동차 윈도 브러시도 발명했다. 영화「타이타닉」에서 배가 물살을 가르는 걸 보고 구상한 아이디어란다. 이 아이디어로 브러시 1개당 100원의 로열티도 받게 되었다. 놀면서도(영화를 보면서도) 새로운 가치를 생산해내는, 정말이지 못 말리는 사람이다. 그의 '몰입'은 지독하다. 정민 교수가 쓴 『미쳐야 미친다不狂不及』에 등장하는 백곡柏谷 김득신金得臣(조선 중기의 시인)은 책 한 권을 적게는 수천 번에서 많게는 수만 번을 되풀이 읽어 그 뜻을 깨쳤다 한다. 그 사람이 바로 이짝이다. 그는 심청가를 1천 번 이상 듣고 완창하게 되었다.

그는 "바로 지금 하고 있는 일에 최선을 다 하라"고 말한다. "부처님께 공양을 드리는 마음으로, 자기 일에 목숨을 걸라"고 말한다. "자기 분야에서 정상에 서게 되면, 굳이 부귀영화를 좇지 않더라도 길가에 핀 꽃조차 다 돈이 된다"고 말한다. 그의 삶은 하나의 신앙이다. 그는 아침마다 부인과 맞절을 한다. 그의 말 한 마디 한 마디는 모두 그가 치열하게 살아온 삶이다. 그래서 그의 특강은 사람들을 울리고 웃기면서 고압 전류보다 더 강하게 감전시킨다. 그의 인생을 듣고 있으면 피터 드러커나 지그 지글러도 공허하고, 찬란하게 도금된 성공과 행복에 관한 모든 언어가 남루하다.

 이상은 대우중공업 김규환 명장名匠의 '이력서'이자 '자서전'이다. 여기에 더 무슨 말을 보탤 수 있을까. 우리가 정녕 '내 삶'에 승부를 걸었다면, '삼팔선'을 한탄하고 '사오정'에 비애를 느끼기 전에 김규환 명장이 불살라온 열정의 절반만큼이라도 흉내는 내봐야 하지 않겠는가. 물론 해도 안 되는 일이 있고 아무리 몸부림쳐도 넘어설 수 없는 벽도 있을 것이다. 그러나 삶의 진정한 의미는 결과보다는 과정에 있다. 그 과정을 즐기고 그 과정에 몰입하는 사람은 틀림없이 지금보다는 훨씬 나은 결과를 낳을 수 있을 것이다.
 뱀들도 해마다 묵은 허물을 벗고 나무들도 봄이면 새 옷으로 갈아입는다. 환경을 탓하기 전에 늘 자기가 있는 자리를 빛내기 위해 생각을 짜내고 묵은 타성을 벗어던지는 노력이 앞서야 할 것이다.

■ ■ ■ **Review** Focus

삶의 진정한 의미는 결과보다는 과정에 있다. 그 과정을 즐기고 그 과정에 몰입하는 사람은 틀림없이 지금보다는 훨씬 나은 결과를 낳을 수 있을 것이다.

9 혼자서 무슨 일이든 다 잘하려고 전전긍긍한다

> 새들이 허공을 자유롭게 날 수 있는 이유는 날개 때문이기도 하지만 그 몸을 가볍게 하기 때문이다.
>
> _ G. K. 체스터톤

희대의 천재가 아닌 한 그 누구도 만능이 될 수는 없다. 물론 끊임없이 노력하면 다방면에 두루 '교양' 정도는 갖출 수 있겠지만 직업에 이르면 모든 분야에서 업적을 이룰 수는 없다. 설령 만능의 재주를 가졌다 하더라도 그 모든 일을 한꺼번에 처리하면서 어느 분야에서 일가를 이룰 '시간'은 없다. 백보를 양보하여 그 모든 것 (역량과 시간)을 다 갖췄다 하더라도 그렇게 살다가는 평생 아무것도 못하고 일만 하다 죽을 것이다.

이제는 "개인의 브랜드화"를 외치는 목소리가 점차 높아지고 있다. 물론 '강력한 경쟁력을 갖춘 브랜드'를 말하는 것이다. '핵심 역량'이나 '프로페셔널의 조건'을 말하는 것도 같은 맥락이다.
"미국 기업들이 해 왔던 모든 새로운 것들을 제시했다"는 찬사를 듣고 있는 '기업 문화 혁명가' 톰 피터스의 다음과 같은 조언(피터스의 짤막한 멘트에 필자가 살을 붙여 재구성한 것이다)은 직장인들이 새겨들을 만하다.

결국 승부는 이전에 없던 것을 새롭게 만들 수 있느냐에 달려 있다. 남들과 다른 시각을 갖지 않으면 자기만의 강력하고도 독특한 브랜드를 창출할 수 없다.
일을 주는 대로 하지 말고 창조적으로 하라. 그저 그런 일을 하지 말고 남들과 비교될 수 있는 일을 하라. 나만이 할 수 있는 일을, 나만이 할 수 있는 방법으로 해낼 때 인정받을 수 있다. 회사에서 기대하는 목표보다 개인의 목표를 높게 설정하라. 그리고 같은 수준의 일을 전에 해왔던 사람들보다 훨씬 빨리 할 수 있는 나만의 방법을 창안하라. 그러려면 무엇보다 그 일을 사랑하라.
중요한 것은, 나 혼자 모든 것을 처리하려고 과욕을 부리지 마라. 공모자 또는 협조자를 찾아라. 가능하다면 팀을 꾸려라. 그리고 반드시 '열광하는 팬'(지지자 또는 후원자)도 확보하라. 세상이 놀랄 만한 사고(?)를 친 사람들은 대개 '작당'을 하여 일을 도모했다. 가능하다면 서로 각기 다른 재능을 가진 사람들과 작당을 해야 시너지 효과를 극대화할 수 있다.

물론 "시키는 일만 하기에도 바쁜 말단 사원에게 그게 어디 현실성 있는 얘기냐"고 반박할 수도 있겠지만 당장 눈앞의 현실만 모면하면서 살 생각이 아니라면(좀더 멀리 내다보며 자기를 브랜드를 형성할 생각이라면) 새겨들을 만한 가치는 충분하다.

기업 현장에서 일하고 있는 사람이라면 기업이 진정으로 어떤 인재를 원하는지, 어떤 인재가 되어야 대접받을 수 있는지 누구보다 잘 알 것이다. 그러나 알고만 끝나서는 아무 소용이 없다. 바로 지금부터 그 부서 내에서, 나아가 기업 전체에서, 더 나아가 그 직종 전체에서 나를 어떤 존재로 자리매김할 것인지 고민해야 한다. 나의 존재감은 내가 소리 높여 외친다고 해서 어느 날 갑자기 인정받을 수 있는 것은 아니다. 먼저, 힘들 것 같아 누구나 선뜻 나서지 않은 일(게다가 내가 잘 할 수 있거나 몰두할 수 있는 분야라면 더욱 좋다)에서 기회를 잡아라. 그런 기회를 잡았으면 톰 피터스의 조언대로, 누구도 생각지 못한 나만의 가치관과 방식으로 그 일을 최고로 해내는 것이다. 그렇게 창의력과 추진력을 인정받고 나면 회사에서 심혈을 기울이는 중요한 프로젝트마다 핵심 멤버로 초대받게 될 것이다.

브랜드, 브랜드, 한다고 해서 주눅들 필요는 없다. 상품도 그렇듯이 사람도 그 브랜드를 다양한 스펙트럼으로 어필할 수 있기 때문이다. 시장에 강력하게 어필하는 브랜드는 이른바 '명품'만 있는 게 아니다. 마케팅에는 귀족 마케팅만 있는 게 아니기 때문이다.

강력한 자기 브랜드를 형성하는 데는 반드시 '비까번쩍한' 외국 박사학위나 권위 있는 자격증이 필요하거나 유창한 외국어 실력이 필요한 것은 아니다(물론 이왕이면 그런 조건을 갖추는 게 좋겠지만 그게 핵심은 아니라는 얘기다). 모든 사람들이 그런 것들을 필요로 하는 일을 하는 것도 아니고 모든 회사가 그런 조건을 갖춘 사람을 필요로 하는 것도 아니기 때문이다.

일에 있어서의 진정한 '명품 인간'은 자기가 있는 자리에서 가장 빛날 수 있는 사람이다. 자기가 하는 일을 최고로 할 수 있는 사람이다. 단순히 어떤 일을 하느냐로 그 사람의 가치를 매길 수는 없다. 흔히 성공을 '출세'와 동일시하는 얼치기 성공학 강사들이 떠드는 말에 신경 쓸 필요는 없다.

같은 일이라도 그 일을 하는 사람에 따라 가치가 달라진다. 자기 힘으로 가치를 극대화할 수 있는 일에 집중하라. 그 일에 집중할 수 있도록 자꾸 기회를 만들어라. 자기 일을 기꺼이 후원하고 도와줄 수 있는 끈끈한 '인맥'을 부서 또는 회사 안팎에 구축하라. 그러면 혼자서 모든 일을 잘하려고 전전긍긍하지 않아도 얼마든지 '꽃피는' 직장 생활을 만끽할 수 있을 것이다.

■ ■ ■ ■ Review Focus

같은 일이라도 그 일을 하는 사람에 따라 가치가 달라진다. 자기 힘으로 가치를 극대화할 수 있는 일에 집중하라.

10 자기 일에서 성과에만 급급할 뿐 행복을 추구할 줄 모른다

훌륭한 삶이란 상태가 아니라 과정이며 목적이 아니라 올바른 방향이다.

_ 칼 로저스

어떤 행위를 할 때 거기에는 반드시 '가치'가 있어 동기를 부여한다. 그런데 기업 활동에 있어서는 직원들의 업무 행위와 궁극적인 가치 사이에 시공간적인 거리가 있어 개별적인 업무 행위에 어떤 가치 동기가 부여되어 있는지 모른 채로 일을 하는 경우가 허다하다.

예를 들어, 전자밥솥을 만들어 판다고 하자. 여기에는 크게 두 가지 가치 동기가 있다. 하나는 기업의 입장에서 '많이 팔아서 이윤을 크게 남기는 것'이다. 이는 가장 직접적이고도 가까운 가치 동기이므로 새삼 언급할 필요조차 없다. 다른 하나는 고객의 입장에서 '안전하고 편하게 오래 사용하는 것'이다. 그러나 이런 고객의 입장은 늘 가치 '수단'으로만 고려될 뿐 좀처럼 가치 '목표'로 상정되지는 않는다. 따라서 상품을 만들어 파는 기업의 입장에서는 '이윤의 극대화'만을 가치 동기로 고려하기 쉽다. 물론 다른 제품들과의 경쟁력을 높이기 위해 고객의 입맛(제품의 성능 향상과 비용 절감)에 맞추려는 혼신의 노력을 기울이겠지만 이런 것들은 궁극적인 가치로 인식되지 못하고 '이윤의 극대화'라는 일방의 가치를 위한 하나의 '수단'으로 인식될 뿐이다. 이렇게 되면 우리는 결국 가장 중요한 가치의 하나를 포기하게 되는 셈이고, "고객의 입장에서 모시겠습니다"라는 구호는 한낱 듣기 좋은 사탕발림이 될 뿐이다.

그러나 돈 잘 버는 기업을 넘어 '존경받는' 기업이 되고, 유능한 직원을 넘어 '행복하게' 일하는 직원이 되려면 우리가 포기하고 있는 다른 한편의 가치를 '수단'이 아니라 궁극의 '목표'로 바꾸어야 한다. 무슨 얘긴지 실감이 가지 않을 것 같아 『총각네 야채가게』의 한 장면을 예로 들겠다.

"총각, 딸기 없어?"
"네, 어머니. 딸기가 맛이 없어서 오늘은 가져오지 않았어요."
"왜 맛이 없어?"
"그저께 비가 와서 좋은 딸기가 나오지 않았거든요."
"그렇군. 총각 말이니 믿어야지. 딸기 나오면 연락 줘."
(이렇게 여러 손님이 딸기를 찾았지만 야채가게 총각은 이렇게

그냥 돌려보낸다.)

다시 딸기를 찾는 손님이 왔다.

"오늘은 딸기가 좀 먹고 싶은데, 안 보이네?"

"맛이 없으면 안 갖다 놓는 거 아시잖아요. 어머니, 오늘은 참외가 정말 맛있어요. 참외 한번 드셔 보세요."

"그래? 알았어. 그럼 참외 한 바구니만 줘."

(어떤 손님은 무슨 과일 달라고 하지도 않고 아예 총각이 권하는 과일이라면 무조건 달라고 한다.)

장안의 화제가 된 이영석 총각네 야채가게의 이상한(?) 풍경이다. 야채가게를 찾는 고객들의 최고 가치 목표는 '싱싱하고 맛좋은 야채를 싸게 사는 것'이다. 그리고 가게를 운영하는 총각의 가치 목표는, 일반적인 개념으로 생각하면 '어떻게든 야채를 좋은 가격으로 많이 팔아 돈을 많이 버는 것'이다. 그러나 가게 총각은 그런 통념을 거부하고 자신의 가치 목표를 고객의 가치 목표에 일치시킴으로써 그 야채가게에 대한 고객의 무한한 신뢰와 사랑을 이끌어내고 있다. 그러나 단순히 고객의 가치 목표를 나의 목표와 일치시키기만 한다고 해서 다 되는 것은 아니다. 그 자체를 나의 '행복'으로 삼을 때라야 진정으로 일치시켰다고 할 수 있다. 그러니까 야채가게 총각은 일하면서 추구하는 최고의 행복을 '돈을 버는 그 자체'에 두지 않고 '늘 싱싱하고 맛 좋은 야채를 좋은 가격에 제공함으로써 고객을 즐겁게 하는 데' 둠으로써 결국 두 가지 가치를 모두 실현하고 있다.

우리 동네 놀이터 옆에 허름한 신발 수선소가 하나 있는데 늘 손님으로 북적댄다. 가게 아저씨 솜씨가 좋을 뿐더러 수선비가 저렴한 탓도 있겠지만 그 아저씨가 오는 손님들을 늘 즐겁게 해주기 때문이다. 그 아저씨는 일하면서 늘 콧노래를 흥얼거리고 아이들이 오면 사탕 바구니에서 사탕을 꺼내준다. 게다가 늘 웃는 낯으로 손님들의 이런저런 얘기를 모두 들어준다. 한번은 "무슨 좋은 일이 그렇게 날마다 있으신가 봐요?" 하고 물었더니 "그럼요, 날마다 좋은 일이 있지요. 내 손에서 말끔하게 수리된 신발을 받아들고 즐거워하는 손님들이 날마다 이렇게 넘쳐나는 걸요" 하고 대답했다.

바로 이것이다. 내가 하는 일이 회사의 부가가치 창출에 얼마나 기여할 것인가도 매우 중요하지만, 거기에서 나아가 그 일로 인해 누군가가 얼마나 즐거워하고 행복해 할 것인가를 궁극적인 가치로 삼는다면 그 일에서 행복을 느끼게 될 것이고 그 일을 더욱 사랑하게 될 것이다.

■ ■ ■ ■ Review Focus

지금 내가 하고 있는 일로 인해 누군가가 얼마나 행복해 할 것인가를 궁극적인 가치로 삼는다면 그 일을 더욱 사랑하게 될 것이다.

11 주먹구구식 업무 처리 습관으로 매사에 허겁지겁 쫓긴다

> 일을 바르게 처리하는 방법이 하나뿐이듯
> 일을 바르게 바라보는 방법도 하나뿐이다.
> 곧 일 전체를 보는 것이다.
>
> _ J. 러스킨

닛산자동차는 1999년 당시 무려 14조 원의 적자에 시달리며 파산 직전에 놓여 있었다. 자동차 산업의 특성을 경영에 제대로 반영하지 못했으며, 급변하는 비즈니스 환경에 적응하지 못한 탓이었다. 이미 시효가 지난 과거의 방식을 떨쳐 버리지 못했으며, 주먹구구식 처방 습관을 버리지 못한 탓이었다.

바로 이때 카를로스 곤이 닛산의 '구세주'로 등장하였다. 그는 닛산이 위기에 빠진 원인으로 명확한 수익 지향점이 없었다는 점, 고객을 지향하기보다는 경쟁상대만 의식했다는 점, 업무의 외부 제휴에 소홀했다는 점, 위기감이 없었다는 점, 장기적인 비전이나 계획을 공유하지 못했다는 점 등 5가지를 꼽았다. 반면에 닛산이 지닌 자산으로는 확고한 국제적 지위, 세계 최첨단의 생산 라인과 기술, 우수한 인재 등을 꼽았다. 그는 닛산의 위기도 내부에서 비롯하였으며, 소생의 기회도 내부에 있다는 걸 간파했다.

닛산이 지닌 약점과 장점의 핵심을 파악한 곤은 지체 없이 NRP(닛산 리바이벌 플랜)를 발표한 후 행동에 들어갔다. NRP는 다양한 방법을 활용하여 2000여 가지의 아이디어를 검토하고 일체의 성역이나 금기 없이 장기적으로 수익을 창출하는 재생 계획이 그 요체다. NRP는 아주 구체적으로 그리고 체계적으로 짜여 있다. 세부 항목마다 정확한 숫자로 목표가 제시되고 그 근거가 제시되었다. 그리고 실행하는 과정에서 끊임없이 개선되고 정교해졌다. 주먹구구식 업무 추진이나 두루뭉술한 전망은 추호도 용납되지 않았다. 그런 안일한 방식으로는 아주 사소한 목표도 제대로 이룰 수 없기 때문이다.

2001년 3월, 마침내 3조 원이 훌쩍 넘는 흑자를 기록하면서 곤이 지휘한 닛산 리바이벌 플랜은 대성공을 거두었다. 곤의 재생 프로젝트가 얼마나 치밀하고 창조적이고 과감하게 추진되었는지를 구체적으로 알고 싶다면 하세가와 요조가 쓴 『COO 카를로스 곤과 닛산자동차』를 읽어 보시기 바란다. 물론 플랜을 실행하는 과정에서 무리하거나 부정적인 면도 드러났겠지만 그것은 또 별도로 논할 문제다.

곤은 이처럼 기업 전체의 명운이 달린 엄청난 일을 추진하면서도 늘 여유로움을 잃지 않았다. 그 비결은 바로 업무의 체계성과 효율성에 있었다. 늘 시간에 쫓겨 허둥대는 사람이라면 지금 당장 자신의 업무를 재조립하기 바란다. 업무의 절대량이 많은 사람은 그 업무를 덜어낼 필요가 있다. 그 점에 관해 상사와 진지하게 대화를 나눌 필요가 있다.

그러나 대개는 업무의 절대량이 많아서라기보다는 업무의 체계성이 없기 때문에(업무를 주먹구구식으로 처리하기 때문에) 시간을 경제적으로 사용하지 못한다. 이것은 악순환을 부르게 마련이다. 주먹구구식으로 업무를 보기 때문에 늘 시간에 쫓기게 되고, 시간에 쫓기다 보니 업무를 주먹구구식으로 처리하게 되는 것이다. 먼저 이런 악순환의 고리를 끊는 것이 급선무다. 대개는 '나중에 여유가 있을 때 조절하지' 하고 생각하는데, 결코 그런 여유란 제 발로 찾아오지 않는다.

우선 일을 성격별로 나누어보라. 중장기간에 걸쳐 진행되는 일, 단기간에 끝내야 하는 일, 그때그때 처리해야 하는 단발성의 일, 그리고 본 업무에 직접 관련되지 않은 기타 잡무 등으로 나누어 보라. 그리고 기획중인 일, 본격적으로 실행되고 있는 일, 마무리 단계에 있는 일, 이미 끝났지만 보완해야 하는 일 등으로 나누어 보라. 또 긴급하게 처리해야 할 일, 평상대로 해도 되는 일, 다소 시간 여유가 있는 일 등으로 나누어 보라. 마지막으로 아주 중요한 일, 조금 덜 중요한 일, 별로 중요하지 않은 일 등으로 나누어보라.

이 가운데 맨 먼저 '가장 중요한' 일부터 챙겨라. 가장 중요한 일 가운데 '긴급한' 일은 우선 처리하고 나머지는(특히 중장기에 걸쳐 진행되는 일은) 체크리스트를 만들어 일의 마디마다 체크를 하라. 그러면 적어도 당신의 핵심 업무에 구멍이 뚫리거나 같은 일을 반복하는 낭비는 당장 없앨 수 있을 것이다. 그리고 한번 시작한 일은 그때그때 마무리를 짓는 것이 무엇보다 중요하다. 이것저것 하다만 일들을 잔뜩 벌여 놓으면, 한꺼번에 많은 일을 처리하는 것처럼 보이겠지만 사실은 한 가지 일도 제대로 되는 것이 없다.

실제로 어느 대기업에서 경영 전문가에게 의뢰하여 입사 3~5년차 직원들 20명을 대상으로 업무를 재조립하고 우선순위(중요성과 긴급성)에 따른 '선택과 집중' 방식을 적용하여 실행한 결과 업무의 질적 완성도를 평균 2배 이상 향상시켰으며, 시간도 하루 평균 3시간 이상 단축시켰다. 그 전에 해당 직원이 해오던 10가지 일 가운데 절반인 5가지는 굳이 그날 하지 않아도 무방한 일이었으며, 그 가운데 3가지는 (결과적으로) 며칠 후에는 전혀 할 필요가 없어진 일이었다. 10가지 가운데 3가지 일은 전체 업무에 결정적인 영향을 미치지 못하는 일이었으며, 단지 2가지만이 매우 중요한 일이었다.

여기에도 예외 없이 파레토의 법칙(80 : 20법칙)이 적용된다. 가장 중요한 2가지 일에 시간의 8할을 사용하고 그렇지 않은 8가지 일에 시간의 2할을 쓰는 방식이 유효하다. 별로 중요하지도 않은 일에 대부분의 시간을 빼앗기다보니 늘 퇴근 시간마다 더 바빠지고, 능률도 오르지 않는 야근이나 특근으로 이어지는 것이다(물론 생산직이라면 문제가 다르다). 그러고도 여전히 중요한 일은 끝내지 못해 상사에게 질책을 받는다.

직원들이 늘 시간에 쫓기는 데는 무분별하게(자주 길게) 열리는 비생산적인 회의에도 적잖은 원인이 있다. 특히 이 부분은 리더의 역할이 필요한 대목이지만 직원들도 개선책을 적극적으로 개진하여 회의 체계를 근본적으로 바꿀 필요가 있다. 회의에 관해서는 노구치 요시아키가 엮은 『회사의 운명을 바꾸는 회의혁명 30분』에 세밀하게 정리되어 있다. "회사를 살리고 나를 빛내는 회의의 기술"을 현장감 있게 제시하고 있으므로 최고경영자로부터 말단 직원에 이르기까지 요긴하게 참고할 만하다.

자기 관리에 있어 핵심 역량에 집중할 필요가 있듯이 업무 관리에 있어서도 핵심 업무에 집중할 필요가 있다. 그것 하나만 실천해도 업무는 자연히 체계적이고 생산적이고 효율적이 되게 마련이다.

■ ■ ■ **Review** Focus

주먹구구식으로 업무를 보기 때문에 늘 시간에 쫓기게 되고, 시간에 쫓기다 보니 업무를 주먹구구식으로 처리하게 되는 것이다.

■ ■ ■ diagnosis Clinic

■ 다음 항목을 읽고 내게 해당하는 답의 점수를 적어 넣으십시오.

항상 그렇다	자주 그렇다	반반이다	가끔 그렇다	전혀 그렇지 않다
0점	5점	10점	15점	20점

1. 현재의 업무를 그저 거쳐 가는 하찮은 일로 여기고 대충 처리한다. (점)
2. 일을 배우는 데 열중하기보다는 '좋은 자리' 차지에만 연연해한다. (점)
3. 상황을 모면하기에만 바빠 문제를 근본적으로 해결하지 못한다. (점)
4. 사사로운 이해관계에 얽매여 일을 합리적으로 처리하지 못한다. (점)
5. 아무런 협력 체계도 없이 모든 것을 혼자서 붙들고 전전긍긍한다. (점)

■ ■ 결과에 따른 진단

  0~ 25점 : 직업인으로서 기본이 전혀 없으니 처음부터 다시 시작하라.
25~ 50점 : 직업인으로서 가능성이 엿보이므로 실망하지 말고 노력하라.
50~ 75점 : 직업인으로서 유능한 편이지만 자만하지 말고 더욱 분발하라.
75~100점 : 직업인으로서 아주 탁월한 면모를 보이고 있으므로 한결같아라.

■ ■ ■ 고쳐야 할 점 적어보기

대인관계에 관하여

이런 사원은 사표를 써라

입만 열면 다른 사람의 험담을 일삼고, 주위 사람들과 끊임없이 갈등을 빚으며, 자기만의 이해타산에 갇혀 사는 **바로 그런 사원은 사표를 써라!**

신뢰를 가장 필요로 하는 조직에서 불신과 비방은 자신은 물론 회사에도 치명적인 독이다. 모든 것은 마음먹기에 달려 있다. 마음을 조금만 고쳐먹으면 저승사자 같던 상사도 달라 보일 것이고 얄밉던 선배나 동료도 살갑게 다가올 것이다.
안주 삼아 주위 사람들을 씹는 그 시간과 열정으로 그 사람들을 모두 친구로 만들어라. 언제든 나를 도와줄 우군으로 만들어라.
내가 변해야 상대도 변하고, 내가 변해야 세상도 변하는 법이다.
내가 마음먹기에 따라 세상은 엿 같기도 하고 살 맛 나기도 한다.

12 동료나 상사 그리고 회사의 험담을 습관처럼 일삼는다

> 어리석은 사람의 마음은 그의 입에 있고
> 현명한 사람의 입은 그의 마음속에 있다.
>
> _ 벤자민 프랭클린

    오래 전부터 우스갯 소리 비슷하게 남자들 사이에서 회자되는 격언이 하나 있다—"남자란 모름지기 세 가지 끝을 조심해야 한다. 하나는 주먹이요, 또 하나는 성기요, 그리고 나머지 하나는 혀끝이다." 사실 "혀끝을 조심해야 한다"는 데 이르면 남녀노소가 다를 수 없다. "혀를 함부로 놀리는 자는 그 혀로 인해 망하리라"는 가르침은 동서고금을 막론하고 거의 모든 성현들이 가장 중요하게 언급하고 있다. "혀에서 나온 말은 반드시 그 혀의 주인에게 되돌아간다"는 격언도 빼놓을 수 없다.

    성경에는 "말이 많으면 허물을 면키 어려우나 그 입술을 제어하는 자는 지혜가 있느니라"(잠언)고 했고, 주나라의 명재상 강태공은 "입안에 피를 머금고 남의 얼굴에 내뿜는다면 먼저 내 입이 더러워질 것이다. 남을 저울질할 때 먼저 내가 그 저울에 달릴 것을 조심하라. 남을 상하게 하는 자는 먼저 그 자신이 상할 것"이라고 경고했다. "남을 위해 구덩이를 파는 자는 자신이 그 구덩이에 먼저 빠진다"는 러시아 속담이 있는데, 이와 관련하여 아주 섬뜩한 이솝 우화가 있다.

백수의 왕 사자가 노환이 들어 굴속에 누워 있었다. 모두들 문병을 왔는데 여우만은 끝내 나타나지 않았다. 기회는 이때라고 여긴 늑대는 사자에게 여우의 잘못을 시시콜콜 과장하여 일러바치면서 여우가 사자를 임금으로 여기지 않기 때문에 병문안도 오지 않는 것이라고 모함하였다. 바로 이때 굴속으로 들어서려던 여우가 늑대의 말을 모두 듣고 말았다. 여우가 나타나자 사자는 분노를 터뜨렸다. 여우는 백배 사죄한 후 말했다.

"아마도 이 자리에 있는 그 누구도 저만큼 대왕의 건강을 진심으로 염려하지는 못할 것입니다. 그동안 저는 백방으로 이름난 의사들을 찾아다니면서 대왕의 병을 나을 수 있는 비방을 구한 끝에 알아냈습니다."

이 말에 노여움이 풀린 사자가 어서 그 방법을 고하라고 채근하였다. 여우는 엄숙한 표정으로 대답하였다.

"늑대의 생가죽을 벗겨서 식기 전에 아픈 곳에 붙이시고, 그 간을 꺼내 드시면 씻은 듯이 나을 것입니다."
 늑대는 그 자리에서 생가죽이 벗겨지고 내장이 헤쳐지는 송장으로 변하고 말았다.

 아무리 평소에 견원지간으로 지냈더라도 만약 늑대가 병문안에 늦은 여우를 두둔했더라면, 그에 감동한 여우가 늑대를 고맙게 생각하고 기꺼이 둘도 없는 친구가 되었을 것이다. 사실 여우를 참소하여 늑대가 얻을 수 있는 이익은 아무것도 없다. 사자가 영특한 왕이라면, 오히려 여우를 참소하는 늑대를 '믿지 못할 놈'으로 단정했을 것이다. 어리석은 늑대는 친구를 얻을 기회를 놓치고 그 대신 비명횡사했다.

 회사 생활을 하면서 혀를 가볍게 놀려 낭패를 당한 기억이 누구나 한번쯤 있을 것이다. 가령, 화장실에서 동료에게 직속 상사 욕을 신나게 하고 있는데, 그 직속 상사가 대변 칸에서 불쑥 나올 때는 쥐구멍이라도 찾아들고 싶을 것이다. 또 술자리에서 동료들과 어울려 없는 사람을 열심히 안주 삼아 씹었는데, 나중에 누군가 얘기를 퍼뜨려 낭패를 당할 때도 있을 것이다.
 중요한 것은, 자기가 내뱉은 험담을 당사자가 알고 모르고가 아니다. 자기 주위 사람들에게 침을 뱉는 것은 바로 자기 얼굴에 침을 뱉는 것이나 마찬가지다. 자기 회사나 상사를 열심히 비난하고 있는데, 듣고 있던 사람이 "그럼, 그 회사에 다니는(그 상사와 함께 일하는) 너는 뭐냐?"고 반문한다면 뭐라고 대답할 것인가? 자기가 남을 헐뜯고 있는 사이에 그 자리에 있는 사람들은 겉으로는 맞장구를 칠지언정 속으로는 험담을 일삼는 바로 그 사람을 욕하게 마련이다. 결국 자기 욕을 자기가 하고 있는 셈이다.

상사든 동료든 후배든 자기한테 아무리 '엿같이' 대하더라도, 그 사람들이 잘나서 아무리 시샘이 나더라도 그 사람들을 진심으로 존중하고 사랑하라. 내가 예수나 부처도 아닌데 무슨 사랑 타령이냐고 힐난할지도 모르지만, 가장 가까이서 가장 많은 시간을 함께 보내는 사람들과 언제까지 그런 피곤한 관계를 이어갈 것인가. 그러면 결국 나만 손해다. 그 사람들은 내가 미워하든 말든 아무 상관없이 잘 먹고 잘 살 산다.

모든 것은 마음먹기에 달려 있다. 마음을 조금만 고쳐먹으면 저 승사자 같던 상사도 달라 보일 것이고 얄밉던 선배나 동료도 살갑게 다가올 것이다. 안주 삼아 주위 사람들을 씹는 그 시간과 열정으로 그 사람들을 모두 친구로 만들어라. 언제든 나를 도와줄 우군으로 만들어라. 내가 변해야 상대도 변하고, 내가 변해야 세상도 변하는 법이다. 내가 마음먹기에 따라 세상은 엿 같기도 하고 살 맛 나기도 한다.

■ ■ ■ ■ Review Focus

남을 저울질할 때 먼저 내가 그 저울에 달릴 것을 조심해야 한다. 남을 상하게 하면 먼저 그 자신이 상할 것이다.

13 돈 거래가 복잡하고
   잡기나 오락에 빠져 산다

> 쾌락을 추구하는 자는 쾌락을 발견하지 못한다.
> 지극히 행복한 사람은 정작 행복에 무관심하다.
>
> _ W. 샤프

나는 여기서 그 흔한 '도덕' 강의를 하려는 것이 아니다. 또 그럴 주제도 못된다. 다만, 일을 하고 가정생활을 영위하는 데 최적의 환경을 유지하라는 얘기를 하고 싶을 따름이다. 감나무에 연줄 걸리듯 여기저기 사방팔방에 돈 거래가 얽혀 있다면 어찌 하루라도 마음 편할 날이 있겠는가. 돈뿐이 아니다. 날이면 날마다 당구든 골프든 잡기나 오락에 빠져 살거나 부어라 마셔라 술에 절어 산다면 어찌 온전한 정신으로 업무에 집중할 수 있겠는가.

'과유불급過猶不及'이라 했다. 뭐든 지나친 것은 차라리 미치지 못한 것보다 나쁘다는 얘기다. 무분별한 돈 거래, 지나친 향락 생활은 따로국밥이 아니라 서로 밀접하게 연관되어 있다. 한번 꼬이기 시작하면 삶의 모든 중심이 도미노 식으로 와르르 무너진다. 허구한 날 밤거리를 누비며 1차에서 3차까지 술집을 순회하느라 늘 지갑이 마르고, 잡기나 향락에 빠져 사느라 빚을 얻어 마른 지갑을 채운다. 여기저기서 빌리고는 갚지 못한 돈 때문에 신용을 잃어 더 이상 빌릴 데도 없다. 급기야는 공금에 손을 대게 되고 돌이킬 수 없는 나락으로 빠져들고 만다.

이런 막가는 상황에서 어찌 회사 일이 머리에 들어올 것이며, 가족이나 친구 또는 주위 사람들을 챙길 마음의 여유가 있을 것인가. 더구나 일에서의 성공, 가정에서의 행복은 언감생심 꿈도 꾸지 못할 일이다.

향락으로 인생을 탕진하는 경우가 아니라도 한꺼번에 모든 것을 갖겠다는 탐욕도 화를 부른다. 재테크 차원의 건강한 투자는 권장할 만한 일이지만 일확천금을 노리는 투기는 금물이다. "칼로 일어선 자 칼로 망한다"는 격언을 빌리자면 "투기에 재미 들린 자 투기로 망한다."

인류의 위대한 발명 가운데 하나가 '복리' 개념이라 한다. 그 복리는 단기간에는 별 볼일 없지만 장기간으로 가면 놀라운 기적을 연출한다. 가령 한 달에 1퍼센트의 수익률만 올려도 30년이면 원금의 수십 배를 벌 수 있다. 물가상승률을 공제하더라도 족히 몇 배는 불릴 수 있다. 그러나 대개의 사람들은 그런 인내심이 없다.

한몫에 몇 배, 심지어는 몇 십 배의 '대박'을 좇는다. 그래서 요즘에도 "초기 자본 1000만 원만 투자하면 매달 최소 500만 원 수입 보장" "1년 만 묻어두면 3배의 수익률 보장" "코스닥의 어느 종목이 조만간 최소 10배 상승" 등과 같은 허황된 사기가 판을 치고 많은 사람들이 거기에 걸려 넘어진다. 그러나 이런 브레이크 없는 탐욕으로 시작된 투기는 예외 없이 '인생 쪽박'으로 이어졌다.

한때 잘나갔던 어느 공기업 자재과장이 있었다. 그는 신입사원 때부터 세칭 노른자위인 구매부서에서 놀았다. 명절이나 휴가 때는 물론 수시로 여기저기서 잘 봐달라며 '인사'를 건넸다. 패기만만한 그는 아직 의기가 남아 있어 그런 인사를 일절 거절했다. 선배나 동료들에게는 다소 미움을 샀지만 강직하고 유능한 사원으로 인정받았다.

그런데 어느 날 우연히 호기심으로 동료를 따라 포커 판에 놀러 갔다가 그만 재미를 붙이고 말았다. 처음에는 그저 재미로 작은 판에 어울렸지만 갈수록 통이 커져 이른바 '선수'들이 노는 큰판으로 옮겨 앉았다. 노련한 선수들 틈에서 돈을 잃는 것은 당연했다. 그러나 본인은 그걸 깨닫지 못했다. 돈이 궁해지자 협력업체로부터 기꺼이 '인사'를 받기 시작했다. 은행 대출도 있는 대로 당겨쓰고 여기저기 지인들에게도 돈을 빌렸다. 급기야는 이른바 카드 깡도 해대고 사채까지 손을 댔다. 눈덩이처럼 늘어난 빚이 1억 원에 가까웠다. 친구들이 그걸 알고 큰형님이 계신 본가에 알려, 전답을 팔아 급한 불을 껐다(이런 와중에서도 동료 가운데 가장 빨리 과장이 되었으니, 능력은 출중한 친구였다).

그는 다시는 노름판을 기웃거리지 않겠다고 다짐했다. 그러나 작심삼일이었다. 또다시 1억 원이 넘는 빚을 지고 말았다. 본가에서도 등을 돌리고 친구들도 그를 꺼렸다. 마침내 월급이 차압당하고 빚쟁이들이 수시로 집이나 회사까지 찾아와 진을 쳤다. 신용불량자가 되어 정상적인 경제 활동도 정지된 상태였다. 회사에서 자진 사퇴 형식으로 쫓겨난 그는 파산신고를 할 수밖에 없었다. 그는 처자식을 처가로 보내고 동가식서가숙東家食西家宿하며 오늘도 막노동판을 전전하고 있다. 뒤늦게 후회의 눈물을 흘리며 발등을 찧었지만 세월을 되돌릴 수는 없었다.

사람이 이처럼 중용中庸을 취하기란 어려운 노릇이다. 잡기나 유흥도 절제가 있으면 건강한 취미가 되고 활력이 된다. 재물이나 권력을 향한 야망도 절차를 밟고 절제가 따르면 동기부여가 된다. 그러나 절제가 무너지고 치우치게 되면 그것들의 노예로 전락하여 마침내 '인생 쪽박'을 차리라는 것은 불을 보듯 뻔하다.

■ ■ ■ Review Focus

오락도 절제가 있으면 활력이 되고, 야망도 절제가 따르면 동기부여가 되지만, 절제가 무너지면 그것들이 오히려 나 자신을 삼켜 노예로 삼고 만다.

14 주위 사람들과 끊임없이 갈등을 빚는다

남을 멸시하는 것은
자기 자신을 멸시하는 것이다.

_ 휘트먼

어느 조직이든 한두 사람쯤 트러블메이커가 있게 마련이다. 겉으로 보이는 그 사람들의 특징은 대개 자존심이 무척 세고 자부심도 대단하다. 그게 아니라면 열등감으로 똘똘 뭉친 사람이기 십상이다. 트러블을 일으키는 원인을 들여다보면 별로 대수로울 것도 없는 아주 사소한 일에서 비롯한다. 쓸데없는 형식에 매달리고 남들의 평판에 목을 맨다. 가벼운 농담 한마디에도 핏대를 세우는가 하면, 남의 사생활까지 시시콜콜 관여하고 여기저기 말을 전한다. 주로 좋은 말보다는 나쁜 말을 전하여 분란을 일으킨다. 또 사소한 이해관계를 다투느라 큰 이익을 볼 줄 모른다. 늘 다른 사람들은 그르고 자기만 옳다고 우긴다. 일에 있어서도 과정의 열정을 다투기보다는 그 성과만 놓고 다툰다. 그래서 친구가 없고 주위가 늘 외롭다.

혹시 내게 조금이라도 트러블메이커의 징후가 있다면, 먼저 과감하게 '나'를 버려라. 여기서 버려야 할 '나'는 아집이요, 독선이요, 교만이요, 결벽증이요, 탐욕이다. 그리고 전체를 바라보라. '나'도 그 전체의 아주 작은 하나일 뿐이다. '나'는 우주의 중심이기도 하지만 그 우주의 한낱 티끌이기도 하다. 내가 아닌 다른 사람들이 없으면 내가 속한 그 세계도 결코 존재할 수 없으며, 결국 혼자만 남은 '나'의 존재는 허상에 불과하다. 그러므로 다른 사람들의 존재는 바로 '나'라는 우주를 형성하는 아주 중요한 요소다. 그런 사람들을 부정하고 멸시하고 배척하는 것은 바로 나 자신을 그렇게 대우하는 것이다. "네 이웃을 네 몸과 같이 사랑하라"는 예수의 가르침도 바로 "네 이웃에 대한 사랑을 통해 너 자신을 사랑하라"는 메시지일 것이다.

자칫 갈등을 빚어 함께 '멸망'에 이를 수도 있는 상황을 슬기롭게 극복한 좋은 사례를 옛 고사에서도 엿볼 수 있다.

춘추전국시대 조趙나라에는 재상 인상여藺相如와 대장군 염파廉頗라는 인재가 있어 나라가 안팎으로 안정되었다. 그런데 염파는 자기를 놔두고 인상여가 재상이라는 게 영 못마땅했다. "나는 백발

이 성성하도록 무수한 전쟁터에 나가 목숨을 걸고 싸워 숱한 공을 세웠거늘 인상여는 별로 하는 일도 없이 편하게 지내면서 두어 번 입만 잘 놀린 대가로 나보다 더 높은 자리를 차지하고 있다. 그 자를 보면 꼭 버릇을 고쳐주겠다"고 벼르고 있었다. 이 말을 전해들은 인상여는 그와 마주치는 것을 피했다. 어느 날 인상여가 행차하는데 멀리 염파의 행차가 보였다. 인상여는 마부에게 다른 길로 돌아가도록 지시했다. 그러자 측근들이 볼멘소리를 했다. "상경께서는 국정을 책임지고 있는 재상이시온데 무엇 때문에 염파 장군을 그토록 두려워하십니까?" 이에 인상여가 대답했다. "나는 진나라 왕에게도 호통을 친 사람이다. 내게 두려울 게 뭐란 말이냐. 다만, 나와 염 장군은 조나라의 내정과 군사를 각각 책임지고 있는 두 기둥인데, 지금 두 사람이 다투게 되면 나라가 위험에 빠질 것을 두려워할 따름이다. 그래서 내가 몸을 낮추어 양보하고 다툼을 피하려는 것이다." 이 말을 전해들은 염파는 자신의 어리석음을 뉘우치고 등에 가시다발을 짊어진 채 인상여를 찾아가 무릎을 꿇고 죄를 청했다. 인상여가 마주 무릎을 꿇고 그의 손을 뜨겁게 맞잡았다. 이렇게 두 사람이 문경지교刎頸之交의 예로써 서로 존중하면서 버티고 있는 동안 그 어떤 나라도 감히 조나라를 넘보지 못했다.

"사돈이 논을 사면 배가 아프다"는 속담이 있다. "남 잘되는 꼴을 못 봐 준다"는 얘기다. 사돈이 논을 사든 죽마고우가 벼락출세를 하든 그런 것쯤이야 달리 생각하면 내게 손해될 게 전혀 없고 종종 그 덕을 볼 수도 있으므로 배 아파할 이유가 없다. 그러나 경쟁 시스템이 작동하는 회사로 눈을 돌리면 얘기는 사뭇 달라진다. 입사 동기는 앞서 나가고 후배가 턱밑까지 치고 올라와 내 자리를 위협한다면, 내가 올린 기안서만 물을 먹는 일이 잦아지고 중요한 프로젝트마다 내가 제외된다면 누군들 성질을 죽이고 엎드려 있을 수 있을 것인가. 배가 아픈 게 문제가 아니라 진퇴를 고민해야 하는 심각한 지경에 이를 수도 있다.

바로 이때 지혜로운 판단과 처신, 그리고 변화가 필요하다. 이런 문제를 빌미로 트러블을 일으켜 봤자 내게 득이 될 게 전혀 없을 뿐 아니라 오히려 자신을 더 깊은 수렁으로 몰아넣을 수도 있다. 당장 효과적으로 구사할 수 있는 전략은 나를 그들의 협조자로 인식시키는 것이다.

트러블메이커라는 이미지를 불식시키고 협조자의 이미지를 구축하려면 '스펀지 전략'을 구사하라. 일단 상대방의 얘기를 경청하여 받아들이고, 아무리 좋지 않은 상황도 담담하게 받아들인 다음에 전체를 조망하는 통찰을 통해 차분하게 자기 의견이나 대책을 개진하는 것이 바로 '스펀지 전략'이다.

■ ■ ■ Review Focus

'나'는 우주의 중심이기도 하지만 그 우주의 한낱 티끌이기도 하다. 내가 아닌 다른 사람들이 없으면 내가 속한 그 세계도 결코 존재할 수 없으며, 결국 혼자만 남은 '나'의 존재는 허상에 불과하다.

15 모든 인간관계를 이해타산에 따라 설정한다

> 칼에 죽는 육체보다 돈에 죽는 영혼이 더 많다.
>
> _ 새뮤얼 스마일즈

"사람이 가장 큰 재산"이라고 모두들 말은 늘 입에 걸고 살지만 정작 어떻게 살아야 그 '재산'을 불릴 것인지 진지하게 성찰하고 행동에 옮기는 사람은 드물다.

사람을 얻는다는 것은 곧 그 사람의 마음을 얻는다는 것이다. 마음을 얻는 데 필요한 가장 중요한 열쇠는 '신뢰'다. 신뢰가 있고 나서야 비로소 그 밖의 다른 열쇠가 유효하다. 신뢰가 바탕이 되지 않고서는 백약이 무효다. 다행히도 신뢰는 돈으로는 살 수 없는 것이다. 그렇다면 무엇으로 신뢰를 살 수 있을 것인가.

첫째, 약속을 함부로 하지 말되 일단 약속을 했으면 반드시 지켜라.

의학박사 안철수 사장이 안철수연구소를 세우고 컴퓨터 바이러스 백신 연구를 필생의 업으로 삼은 계기도 한 사람과의 채용 약속을 지키고자 하는 신의에서 비롯되었다고 한다. 연구소를 세우기 위해 동분서주하던 중 어느 독지가로부터 자금 지원을 약속받은 안 소장은 그 약속을 믿고 직원을 한 명 채용했다. 그런데 독지가가 약속을 지키지 못하게 되어 사무실조차 구할 수 없는 지경에 빠졌다. 그러나 안 사장은 그 직원과의 채용 약속을 지키기 위해 집을 사무실로 삼아 연구소를 차렸다. 안 사장은 평소 지켜야 할 가장 중요한 가치로 '약속'을 들었다. 그래서 너무나 감당하기 버거운 채용 약속이었지만 끝내 그 약속을 지켰다. 그는 아직까지 한번도 약속을 어긴 적이 없다고 한다. 그 비결은 바로 "지키지 못할 약속은 아예 하지 않는 것"이다. 그런데 사람들은 대개 너무도 많은 약속을 남발한다. 그리고 이해타산이 맞지 않거나 상황이 변하면 너무도 쉽게 그 약속을 저버린다. 그런 사람들에게 돌아오는 가장 치명적인 대가는 '불신'이다.

둘째, 남들에게는 물론 자기 자신에게 정직해라.

사람들은 대개 자신의 이해타산이나 보신을 먼저 생각하기 때문에 자주 정직함을 잃게 된다. 탐욕 때문에 거짓을 말하기도 하고, 두려움 때문에 거짓을 말하기도 한다. 한 번의 거짓말은 그 한

번으로 끝나지 않는다. 한번 거짓말을 하게 되면 그 거짓말을 들키지 않기 위해 또 다른 거짓말을 끊임없이 지어내야 한다. 거짓말의 악순환이 이어지고 늘 불안에 떨어야 한다. 이처럼 사람들과의 관계가 거짓으로 범벅이 되면 결국은 아무도 나를 믿지 못하게 된다.

정직에는 용기가 필요하다. 정직은 대개 자신의 잘못이나 결점을 고백하는 데 필요하기 때문이다. 무의식적으로 잘못이나 결점을 감추려는 것은 인지상정人之常情이다. 그러나 아무리 감추려 해도 결국은 드러나게 마련이다. 적어도 하늘이 알고 땅이 알고 자기 자신이 아는데, 무엇인들 영원히 감춰질 것인가. 정직은 결국 자기를 가장 편하게 만들기도 하려니와 다른 사람들로부터 신뢰를 얻는 가장 강력한 무기이기도 하다. 거짓은 사람을 구차하게 만들고 정직은 사람을 당당하게 만든다. "거짓말쟁이가 받는 가장 큰 형벌은 그가 다른 사람들로부터 신뢰를 받지 못한다는 것보다 그 자신이 아무도 믿지 못한다는 비극에 빠지는 데 있다"고 갈파한 버나드 쇼(영국의 극작가)의 얘기는 새겨들을 만하다.

셋째, 작은 이해타산을 앞세워 다투지 마라.

어떤 사람이 친구 둘과 함께 장사를 하여 100냥을 벌었다. 셋이서 이익을 똑같이 나눠야 하는데 딱 맞춰 떨어지질 않았다. 이때 당신이라면 어떻게 하겠는가?

어떤 사람이 친구 둘과 함께 술을 마시면서 술값은 똑같이 나눠 내기로 했다. 그런데 술값이 10냥이 나와서 똑같이 나눠 내기가 곤란했다. 이때 당신이라면 어떻게 하겠는가?

바로 이 대목에서 그 사람의 그릇을 알 수 있다. 좁쌀만한 그릇의 사람은 어떻게든 한 냥이라도 더 이익을 보려고 얼굴에 핏대를 세우고 침을 튀겨가며 자기를 주장할 것이다. 이때 당신이 사람의 마음을 살 줄 아는 지혜를 가졌다면 아마도 그와 반대로 행동할 ("나는 친구들 덕분에 이렇게 적잖은 돈을 벌게 된 것만으로도 고마우이. 내가 30냥을 갖고 자네들이 35냥씩 나누게." "나는 오늘 자네들 덕분에 참으로 기분 좋게 마셨으니 내가 4냥을 냄세. 그러면 자네들 둘이 3냥씩만 내면 될 게야.") 것이다.

이때 당신은 금전적으로 아주 조그마한 손해(?)를 봤을 뿐이다. 그 대신 당신은 이미 두 사람의 마음을 산 것이다. 사람의 마음을 사는 것은 값비싼 선물이 아니다. 어떤 경우든 "내가 조금 손해 본다"는 양보심과 상대를 먼저 배려하는 아량에서 비롯한 신뢰가 바로 사람의 마음을 사게 된다.

큰 사람은 멀리 내다보고 작은 사람은 당장 눈앞의 이해타산에만 얽매인다. 새들도 숲이 무성한 산으로 모여들고 물고기도 물이 풍부한 강에서 잘 자란다.

■ ■ ■ ■ **Review** Focus

"내가 조금 손해 본다"는 양보심과 상대를 먼저 배려하는 아량에서 비롯한 신뢰가 바로 사람의 마음을 사게 된다.

16 자기만 잘난 듯 행동하고 다른 사람을 무시한다

> 인생이란 다른 사람들과 함께 갈 때
> 훨씬 더 많은 것을 얻을 수 있다.
>
> _ 리처드 게파트

사원이든 간부든 직장인이라면 물론 업무 수행 능력이 중요하겠지만 '인간적인 매력'을 느낄 때 상대에게 가장 호감을 느낀다고 한다. 인간적인 매력을 풍기는 가장 중요한 요소는 아마도 몸에 밴 겸손과 진심에서 우러나온 배려일 것이다.

교만은 사람을 우물 안에 가둬놓고 희롱한다
발꿈치를 올리고 서 있는 자는 오래 서 있을 수 없고,
가랭이를 벌리고 걷는 자는 오래 걸을 수 없다.
스스로 드러내는 자는 밝지 아니하고,

스스로 옳다하는 자는 빛나지 아니하고,
스스로 뽐내는 자는 공이 없고,
스스로 자만하는 자는 으뜸이 될 수 없다.
그것은 길에 있어서는 찌꺼기 음식이요
군더더기 살이라 한다
세상은 그것을 혐오할 것이다
그러므로 길이 있는 자는 처하지 아니하리니.

『길과 얻음』(김용옥의 노자도덕경 풀이) 스물넷째 가름이다. 참으로 순리와 겸손의 오묘한 경지를 말하고 있다. 눈속임을 위해 허세를 부리고 사나운 욕심을 채우고자 조바심을 치는 소인배는 결국 그 본 모습을 들키게 마련이고 그 뜻을 이루지 못할 것이다. 그러나 진정으로 겸손하고 지혜로운 사람은 좋은 일이 있어도 좋다고 떠들지 않으며 궂은 일이 있어도 싫다고 주먹질을 하지 않는다. 이삭은 익을수록 고개를 숙이고 물은 깊을수록 소리를 내지 않는다는 이치를 몸에 익힌 사람은 빈 수레처럼 요란을 떨지 않고 봄바람처럼 변덕을 부리지 않는다. 그런 사람은 자기가 불편하더라도 주위를 편하게 하려고 마음을 쓰기 때문에 언제 어디서든 외롭지 않은 법이다.

그러나 오로지 성공에 눈이 뒤집힌 사람들은 저마다 조급증에 걸려 서성대며 분주할 뿐이다. 부끄러운 줄도 모르고 티끌만한 재주를 태산처럼 자랑한다. 또 남보다 높아 보이거나 앞서 보이려고 발꿈치를 들어 허세를 키우고 가랭이를 벌려 공을 부풀린다. 그러나 이런 조급증과 교만은 결국 일을 망치고 자신을 고립시키고 말 것이다.

아프리카 밀림을 배경으로 만든 영화를 보면 종종 사람이 늪에 빠져 허우적거리는 장면이 나온다. 그런데 빠져나오려고 발버둥칠수록 더 빨리 빠져들고 만다. 빠진 사람이 힘이 세든 약하든 잘났든 못났든 늪은 그런 것을 상관하지 않는다. 이때 머리 위에 늘어진 나뭇가지라도 있으면 붙잡고 빠져나오련만 그도 없다면 속절없이 늪 속에 빠져 악어 밥이 될 수밖에 없다.

밀림이 인생이라면 늪은 고난이다. 다른 사람을 사랑할 줄 모르는 사람은 늪에 빠져도 구해줄 친구가 없다. 자기 잘난 맛으로 다른 사람을 무시하고 다른 사람의 고통에는 관심이 없는 사람은 세상이 마치 자기 것인 양 으스대지만 결국 밀림 속에서 고립되고 만다. 고립된 상태에서 늪에 빠지면 당신을 구해줄 사람은 아무도 없다. 하다못해 늪 위에 늘어져 있던 나뭇가지도 당신이 늪에 빠졌을 때는 이미 부러지고 없다. 자기를 진정으로 사랑할 줄 아는 사람은 먼저 다른 사람을 사랑하고 그들과 어울려 조화를 이룰 줄 안다. 당신이 다른 사람을 이해하고 그들의 고통을 어루만져 주면 당신이 늪에 빠졌을 때 그들도 생명의 위협을 무릅쓰고 기꺼이 당신에게 구원의 손길을 내밀 것이다. 사람들은 그렇게 서로 존중하고 서로 돕고 서로 사랑하며 사는 것이다. 그러면 밀림 도처에 아무리 많은 늪이 널려 있어도 밀림은 우리가 살기에 가장 아름다운 천국이 될 것이다.

설령 내가 아무리 잘났기로서니 다른 사람들과 더불어 나눌 수 없다면 그 '잘남'은 아무 소용이 없다. 내 가족, 친구들, 동료들 모두 내 인생에서 소중한 존재다. 그들을 배려하고 격려하고 사랑하는 것이야말로 내 인생을 진정으로 사랑하는 길이다. 그들이 없으면 나도 없고 세상도 없다. 섬처럼 고립된 채 내가 최고라고 외쳐본들 공허한 메아리일 뿐이다.

■ ■ ■ ■ Review Focus

밀림이 인생이라면 늪은 고난이다. 다른 사람을 사랑할 줄 모르는 사람은 늪에 빠져도 구해줄 친구가 없다.

17 상사에게 잘 보이기 위해 일하고 감히 '노'라고 말하지 못한다

**아첨만큼 위험한 것은 없다.
거짓인 줄 알면서도 믿어 버리기 때문이다.**

_ F. 뤼케르트

흔히 "인맥도 능력"이라고들 말한다. 백번 지당한 말씀이다. 그러나 어떤 인맥이냐가 중요하다. 기업간 경쟁이 글로벌화하고 점차 치열해지면서 모든 것을 성과로 인정받는 흐름이 대세를 이루고 있다. 따라서 예전의 지연, 학연, 아첨으로 얽힌 사사로운 인맥은 (적어도 기업에서는) 힘을 쓰지 못하는 흐름이다. 대신 그 자리를 열정과 실력, 그리고 소신을 배경으로 한 인맥이 채워가고 있다. 상사에게 충성하는 사람보다는 일에 충성하는 사람이 인정받고 남의 시선에 충성하는 사람보다는 자기 자신의 신념에 충성하는 사람이 인정받고 있다. 기업에 진정으로 필요한 핵심 인재를 후원하고 지지하지 않고서는 기업의 생존이 불가능해졌기 때문이다. 결국 일을 통해 쌓은 인맥이야말로 진정한 인맥이라 할 수 있다.

어느 대기업의 K사장은 회장 비서 출신이다. 비서로 발탁될(사실은 비서가 너무 자주 바뀌어서 그에게도 차례가 돌아온 것뿐이었다) 무렵 그가 내세울 만한 배경은 아무것도 없었다. 학벌도 그저 그렇고 이른바 '빽'이 있는 것도 아니었다. 게다가 회사 내 엘리트 코스 하고는 거리가 멀었다.

그가 모신 회장은 성격이 까다롭고 괴팍하기로 악명이 높았다. 어떤 비서도 1년을 채우지 못하고 두 손을 들 정도였다. 그 누구도 아무리 열심히 일해도 회장의 눈에 들지 못했다. 모두들 회장의 성격이 '개떡' 같은 탓으로 돌리고 하루하루를 버텨내기에 급급하다가 비서직을 물러나고 말았다.

그도 처음 얼마간은 참으로 고통스러웠다. 늘 사표를 주머니에 넣고 다닐 정도였다. 정말이지 바보 취급을 당하면서 시달리다 보니 울화가 치밀어서 회사에 출근하기가 지옥 가기보다 싫었다. 그러다가 어느 날 문득 '저 영감이 왜 나를 이다지도 달달 볶을까?' 곰곰이 생각했다. 입장을 바꿔 '만일 내가 회장이라면 아랫사람이 어떻게 대해주면 좋을까?' 상상해보았다. 답은 너무도 간명했다. '마음에서 우러나온 존경심을 갖고 소신 있게 행동하는 것'이었다. 자신의 비서 생활 첫 한 달을 돌이켜보니 참으로 한심했다. 늘 두려워하는 마음으로 매사를 회장이 어떻게 생각할지 눈치만 봐온 거였다. 회장을 가장 마음 가까이에서 모셔야 할 비서가 점점 더 회장에게서 멀어져온 것이었다.

그래서 그는 서른 살이나 많은 회장을 '아버지'로 생각하기로 마음먹었다. 날마다 아침저녁으로 "회장님은 내 아버지"라고 자기 최면을 걸었다. 그렇게 일주일이 지나자 놀랍게도 그 무섭던 '회장님'이 친근한 아버지로 느껴지기 시작했다. 두려움이 씻은 듯이 사라지자 도망치고 싶은 마음 대신 좀더 가까이 다가서고 싶은 마음이 일었다. 아무리 심한 야단을 맞아도 '내가 걱정이 되어 아버지가 잔소리 하시는 거겠지' 생각하고, 아무리 심한 짜증을 부려도 '아버지가 오늘 무척 힘드신 모양'이라고 생각하며 넘겼다. 아무리 무리하거나 황당한 일을 시켜도 '큰 뜻을 갖고 나를 담금질하시는 것'이려니 생각하니 오히려 고마운 마음이 들었다.

상황이 이쯤 되자 일에 재미가 들리고 늘 여유롭고 즐거운 낯으로 회장을 대할 수 있게 되었다. 게다가 '아버지'에게 못할 말이 없게 되었다. 회장이 그릇된 판단을 한다고 생각되면 직언을 서슴지 않았다. 처음에 회장은 "그건 안 된다"고 단호하게 직언하는 그를 한참 노려보더니 "그래도 자네밖에 없네. 나도 나중에 그건 아니라고 여겼는데 아무도 감히 반대하는 사람이 없어 쓸쓸했네"라고 말하며 다정하게 어깨를 쳐주었다.

이처럼 진심을 갖고 (회장이 아닌) 회사를 위해 일하고, 회장 앞에서도 늘 당당한 그를 회장은 전폭적으로 신임하기 시작했다. 이렇게 '오너에게 직언할 수 있는 유일한 사람'이라는 브랜드로 최고의 '인맥'을 구축한 그의 회사 생활은 탄탄대로였으며 마침내 최고 경영자가 되었다.

당신도 지금 당장 상사와의 관계를 돌아보라. 매사에 눈치를 보거나 잘 보이기에 급급한 것은 아닌지. 앞에서는 두려워서 쩔쩔매고 뒤에서는 욕하기에 바쁜 것은 아닌지. '설령 일이 잘못되어도 내 책임은 아니니 그저 시키는 대로만 하는 것이 장땡'이라는 안일한 생각으로 일하고 있는 건 아닌지.

만약 그렇다면 당신은 일뿐 아니라 자신의 인생에 너무 무책임한 사람이다. 그저 먹고 사는 방편으로 마지못해 출근 버스를 타는, 자신의 존재 가치를 포기한 서글픈 샐러리맨이다. 한강에 몸을 던지는 것만이 자살 행위가 아니다. 자기 인생의 주인공이기를 포기한 삶도 자살 행위다. 몸뚱이만 살아 있을 뿐, 생각도 죽어 있고 열정도 죽어 있는 삶을 어찌 살아 있다 할 수 있을 것인가.

■ ■ ■ Review Focus

상사에게 충성하는 사람보다는 일에 충성하는 사람이 인정받고 남의 시선에 충성하는 사람보다는 자기 자신의 신념에 충성하는 사람이 인정받고 있다.

18 생산적인 만남보다는 습관적인 만남만 일삼는다

> 한 인간의 진정한 가치는 자신이 만들어 놓은
> 사슬에서 해방되는 순간 발견된다.
>
> _ 알버트 아인슈타인

유유상종類類相從이란 말이 있다. "끼리끼리 어울린다"는 말이다. 『주역周易·계사繫辭』상편에 "세상의 모든 물건들은 그 성질이 닮은 것끼리 모이고, 만물은 무리를 지어 나뉘어 산다. 여기서 길흉吉凶이 나온다"는 구절이 있는데, 아마도 여기서 비롯한 성어인 듯싶다. 또 이와 관련하여 춘추전국시대 순우곤의 얘기도 전한다.

제나라 선왕은 순우곤에게 널리 숨어 있는 인재를 찾아내어 등용하도록 지시하였다. 얼마 뒤 순우곤이 무려 일곱 명의 인재를 데리고 나타나자 선왕은 "귀한 인재를 한 번에 일곱이나 데려오다니, 며칠 만에 그 많은 인재를 어찌 찾았단 말인가?" 하고 물었다. 그러자 순우곤은 거침없이 대답했다.

"같은 종류의 새가 무리 지어 살 듯, 인재도 끼리끼리 모이는 법입니다. 따라서 신이 인재를 모으는 것은 강에서 물을 구하는 것이나 마찬가지입니다."

'유유상종'은 원래는 좋은 의미에서 비롯되었지만 세월이 흐르면서 '삼가고 경계하는' 의미가 강하게 되었다. 심지어는 "끼리끼리 논다"는 비아냥의 의미로도 쓰이게 되었다. 아마도 '유유상종'의 긍정적인 면보다는 그에 따른 폐해가 더 많았던 탓으로 보인다.

이제 이 말을 나 자신에게 들이대 보자. 먼저 내가 한 달 동안 만난 사람들의 목록을 만들어보라. 누구를 무엇 때문에 얼마의 시간 동안 몇 번이나 만나 무슨 얘기를 했는지, 구체적으로 적어 보라. 그리고 다른 용지에는 잘 아는 사이인데 좀처럼 만나지 않은 사람들의 이름을 적어보라. 물론 만남에는 직접 대면은 물론 이메일, 전화 통화 등을 포함한다. 그러나 가족이든 직장 동료든 의례적인 '마주침'은 만남으로 인정하지 않는다. 오로지 두 사람만의 의도적인 대면에 따른 대화가 있는 경우만 만남으로 인정한다.

이제는 다른 종이에 '내 인생에서 가장 소중한 사람'과 '내 직장이나 직업에서 가장 중요한 사람' 목록을 순서대로 적어보라. 그리고 앞서 작성한 '가장 자주 만난 사람' 목록과 얼마나 일치하는지 대조해 보라. 어느 한쪽으로 심하게 치우쳐 있지는 않은지 찾아보고, 무의미한 만남을 습관적으로 일삼아온 면은 없는지 짚어보라. 특히 내 인생에서 아주 소중하거나 내 직업에서 아주 중요한 사람인데도 불구하고 만남에 소홀하지는 않았는지 냉정하게 돌아보라. 또 작년 이맘때 만난 사람 목록에 비해 올해의 내 목록에는 새로운 만남이 얼마나 더 추가되었는지 체크해 보라. 양이 아니라 질적으로 얼마나 더 충실해졌는지 따져보라. 내가 어려움에 처했을 때 진정으로 조언해주고 후원해줄 수 있는 사람이 얼마나 늘었는지 돌아보라.

사람들은 대개 만나서 마음이 편한 사람, 나를 치켜세워주는 사람하고만 어울리는 경향이 있다. 아니면, 자주 만나고 내게 달콤한 얘기만 하기 때문에 마음이 편할 수도 있다. 이런 만남은 대개 수시로 이루어지고 습관적으로 이루어지며, 주로 술친구나 대화 친구 삼아 이루어진다. 한마디로 끼리끼리 노는 만남인데, 결정적인 순간에는 대개 아무 도움도 되지 못한다. 나의 만남이 불행한 것은, 내 인생에 있어 가장 소중하고 업무에 있어 가장 중요한 만남과는 일치하지 않는다는 것이다. 냉정하게 따져보면 우리의 습관적인 만남 가운데 7할은 무의미한 만남이기 쉽고, 우리가 반드시 적극적으로 챙겨야 할 만남 가운데 7할은 소홀하게 방치되고 있기 쉽다. 앞의 7할은 대개 무의미한 만남이기 쉽고, 뒤의 7할은 대개 나하고 다른(지위가 아주 높거나 나이가 훨씬 많은, 대하기 껄끄러운) 세계에 있다고 여겨지는 사람들과의 만남이기 쉽다.

우리가 날마다 얼굴을 맞대고 산다고 해서 반드시 '만난다'고 할 수는 없다. 나는 나의 상사 또는 동료, 그리고 가족과 얼마나 자주 만나는가. 만남은 비록 1분을 만나더라도 '진심으로 통하는 것'이다. 30년을 함께 살아도 진심으로 통하지 않으면 만났다고 할 수 없다. 직장이나 가정의 내부고객은 물론 외부고객과의 만남도 '진심으로 통해야' 비로소 만났다고 할 수 있을 것이다.

  자기 일에서 성공하고 가정에서 행복하려면 '만남의 혁명'을 일으켜야 한다. 습관적으로 되풀이되는 소모적인 만남은 버려야 한다. 그런 만남을 버리지 않는 한, 일에 있어 생산적이고 인생에 있어 약이 되는 만남이 들어설 자리는 없다. 뭐든 새로운 것을 맞으려면 묵은 것을 덜어내야 한다. 시간은 한정되어 있고 나를 다스리는 내 자신의 용량에도 한계가 있기 때문이다. 모든 것을 욕심대로 끌어안을 수는 없다. 끊임없이 덜 중요한 것은 비워내고 더 중요한 것으로 채워가려는 노력이 있어야 직업의 성공과 개인의 행복이라는 인생의 두 마리 토끼를 잡을 수 있을 것이다.

■ ■ ■ **Review** Focus

나의 만남이 불행한 것은, 내 인생에 있어 가장 소중하고 업무에 있어 가장 중요한 만남과는 일치하지 않는다는 것이다.

19 오락을 함께 나눌 친구는 많아도 고난을 함께 나눌 친구가 없다

> 연인은 일체의 일을 잊고 도취하지만
> 친구는 일체의 일을 알고 기뻐한다.
>
> _ 보나르

내 처지가 영화롭고 풍족할 때는 굳이 애쓰지 않아도 주위에 사람이 넘쳐나고 너도나도 친구 삼자고 달려드는 법이다. 언제라도 부르면 버선발로 뛰쳐나와 기꺼이 술친구가 되어주고 말벗이 되어준다. 그러나 그들 모두가 과연 진정한 친구인가. 내가 나쁜 길로 빠지고 있을 때 나를 질책하고 바로잡아 줄 사람이 그 가운데 몇이나 될까. 오히려 타락의 길로 빠지도록 나를 부추기지는 않는가. 내 처지가 쓸쓸해지고 곤궁해졌을 때, 누군가의 도움이 절실히 필요하게 되었을 때 과연 그들 중 몇 사람이나 내 곁에 남아 나를 위로하고 더불어 아픔을 나누고 어루만져 줄 것인가. 세상에 영화榮

華를 함께 즐길 친구는 널려 있어도 고난苦難을 함께 나눌 친구는 드물다. 더불어 향락을 탐닉할 친구는 널려 있어도 더불어 인생을 궁리할 친구는 찾아보기 어렵다. 오로지 영화만을 함께 나누는 친구는 나를 망치는 자요, 더불어 고난까지 함께 나눌 수 있는 친구라야 진정한 인생의 벗이라 할 것이다.

이제 당신의 인생 노트에 '친구'라고 생각되는 사람들의 이름을 모두 적어보라. 그리고 그 가운데 기꺼이 고난까지 함께 나눌 수 있다고 여겨지는 친구, 내게 세상의 어떤 오해가 생겨도 그 허물을 감싸주고 믿어주고 용서해 줄 수 있는 친구의 이름에 동그라미를 그려보라.

옛날 철없는 아들을 둔 아버지가 있었다. 그 아들은 허구한 날 여러 친구들과 어울려 주색잡기에 날 새는 줄 몰랐다. 아무리 타일러도 그때뿐이고 도락道樂에 빠져 헤어날 줄을 몰랐다. 보다 못한 아버지는 어느 날 아들을 불러 숙연하게 물었다.

"애야, 지금 너와 어울리는 친구들 가운데 생사고락生死苦樂을 함께 할 수 있는 사람이 몇이나 되느냐?"

"아버님, 그들 모두 저와 생사고락을 함께 하기로 맹세한 사이입니다. 모두 저의 진정한 친구들입니다. 그러는 아버님께서는 그런 친구가 몇 분이나 있으신지요?"

"그렇다니 그나마 다행이구나. 내게 그런 친구는 딱 한 사람뿐이란다. 정말 그런 친구가 몇이나 되는지 우리 한번 알아보자꾸나."

그날 밤, 아버지는 죽은 돼지를 헝겊으로 둘둘 말아 사람 시체처럼 꾸며서 아들에게 들쳐 메도록 했다. 그런 다음 그 친구들을 한 사람씩 찾아 "이보게, 내가 어쩌다가 실수로 사람을 죽이고 말았다네. 이 노릇을 어찌 했으면 좋겠는가. 좀 도와 주게나" 하고 부탁하도록 하였다. 그러나 찾아가는 친구들마다 "이보시오, 나는 당신이 누군지 모르오. 그러니 어서 썩 꺼지시오" 하고는 모질게 대문을 닫아버렸다. 아들의 그 많은 친구 중 어느 누구도 도와주기는커녕 아는 체도 하지 않았다. 마지막으로 딱 한 사람 있다는 아버지의 친구를 찾았다. 그러자 그 친구는 "어허, 이 사람 어쩌다가 그리되었는가? 어서 들어오게. 함께 방법을 찾아 보세나" 하며 자기 일인 양 염려하며 아버지와 아들을 집으로 청해 들였다. 친구 집으로 들어간 아버지는 친구에게 자초지종自初至終을 얘기하고 놀라게 한 것을 사죄하였다. 그러자 친구는 밤늦은 시간인데도 술상을 들이게 하였다. 아버지는 아들에게 술을 따라 권하며, "아직도 생사고락을 함께 할 친구가 남아 있느냐?"고 나직이 물었다. 아들은 부끄러움에 몸 둘 바를 몰라 하며 "아버님, 그동안 제가 어리석어 높은 가르침을 알아듣지 못하였습니다. 그 벗하는 친구를 보면 그 사람이 어떤 사람인지 알 수 있다는 말씀을 이제 비로소 알아들었습니다" 하고 머리를 숙였다.

공자는 "정직한 사람, 진실한 사람, 식견이 높은 사람을 벗으로 삼으면 유익하나 형식만 차리는 사람, 대면할 때만 좋아하는 사람,

말재주만 호화로운 사람을 벗으로 삼으면 해롭다"고 했다. 한마디로 벗을 사귐에 있어 교언영색巧言令色을 경계한 것이다.

세상에는 함께 나쁜 짓을 일삼으면서 사귄 친구, 함께 도락을 일삼으면서 사귄 친구, 고난을 나누면서 사귄 친구, 일을 함께 하면서 사귄 친구, 의기義氣가 투합하여 사귄 친구, 도움을 주고받으면서 사귄 친구, 이웃하여 살면서 사귄 친구 등 별의별 친구가 다 있다. 그러나 못났든 잘났든 가난하든 부자든 벗을 사귈 때는 적어도 살펴서 삼가야 할 금도가 있다.

묵자의 말처럼 "올바른 도리를 돈독하게 지키지 못하며, 사물을 널리 분별하지 못하며, 시비是非를 살펴 분간하지 못하는 자는 더불어 어울릴 사람이 되지 못한다." 그리고 또 명심하라. J. 레이(영국의 박물학자)의 통찰처럼 "잔치는 결코 우정을 만들지 못한다."

■ ■ ■ **Review** Focus

세상에 영화榮華를 함께 즐길 친구는 널려 있어도 고난苦難을 함께 나눌 친구는 드물다.
더불어 향락을 탐닉할 친구는 널려 있어도 더불어 인생을 궁리할 친구는 찾아보기 어렵다.

■ ■ ■ diagnosis Clinic

■ 다음 항목을 읽고 내게 해당하는 답의 점수를 적어 넣으십시오.

항상 그렇다	자주 그렇다	반반이다	가끔 그렇다	전혀 그렇지 않다
0점	5점	10점	15점	20점

1. 입만 열면 자기 자랑에다 다른 사람에 대한 험담을 일삼는다. (점)
2. 사생활이 난잡하게 얽혀 회사 업무에 집중하지 못하고 겉돈다. (점)
3. 가는 곳마다 갈등을 빚고 이해타산으로만 인간관계를 설정한다. (점)
4. 상사에게 잘 보이기 위해 일하고 감히 'No'라고 말하지 못한다. (점)
5. 오랜 습관에 젖은 타성에 빠져 새로운 관계를 궁리하지 못한다. (점)

■ ■ 결과에 따른 진단

　 0~ 25점 : 직업인으로서 기본이 전혀 없으니 처음부터 다시 시작하라.
　25~ 50점 : 직업인으로서 가능성이 엿보이므로 실망하지 말고 노력하라.
　50~ 75점 : 직업인으로서 유능한 편이지만 자만하지 말고 더욱 분발하라.
　75~100점 : 직업인으로서 아주 탁월한 면모를 보이고 있으므로 한결같아라.

■ ■ ■ 고쳐야 할 점 적어보기

잠깐 생각하고 가기

"염려하지 말라"는 말의 의미

자신을 좋아하는 사람과
자신을 싫어하는 사람의 비율이
95 대 5 정도인데도
5를 생각하는 데
95를 사용한다는 사실입니다.

이런 구조 속에서 살면
당연히 늘 우울하고 슬프고 괴롭고
짜증이 나는 거지요.
염려하지 말라는 의미가
바로 5를 위해
95를 쓰지 말라는 것입니다.

∗ 양병무, 「감자탕 교회 이야기」 가운데서

자기관리에 관하여

이런 사원은 사표를 써라

잡다한 일정에 분주하여 자기계발을 도외시하고, 늘 계획만 거창하되 실천이 없으며, 따분한 일상에 빠져 자기 자신을 '갉아먹고' 사는 바로 그런 사원은 사표를 써라!

사람들은 대개 남이 내 지갑에서 몇 만 원을 훔쳐내면 금세 알고 불같이 화를 내면서도 정작 자기 자신이 자기 인생을 송두리째 훔쳐내도록 그 사실을 알지도 못한다. 믿기지 않거든 자신의 생각, 언행 하나하나를 한 달 간만 돌이켜 꼼꼼하게 적어보라. 그리고 그 기록을 잠자리에 들기 전에 곱씹어 읽어보라. 내가 그동안 내 인생을 얼마나 도둑질해 먹고 살고 있었는지 알게 될 것이다.

20 스스로를 고무하고 성장시킬 프로그램이 없다

> 내 꿈을 불가능하게 만드는 유일한 장소는
> 바로 나 자신의 생각 속이다.
>
> _ 로버트 H. 슐러

당신은 자신에 대해 얼마나 알고 있는가?

이런 아주 단순한(?) 질문에 자신 있게 대답할 수 있는 사람이 과연 몇이나 될까. 우리는 대개 어릴 때부터 나 자신을 통찰하고 판단하고 경영할 수 있는 교육을 거의 받지 못하고 자라왔다. 일류대에 진학하기 위한, 선망하는 직장이나 직업을 얻기 위한 '지식공부'에 내몰린 나머지 정작 '너 자신을 알라' '너 자신을 경영하라'는 명제에는 전혀 눈길을 돌릴 여유가 없었다. 당연히 우리의 지상 최대 과제는 오로지 얼마나 더 좋은 자리를 차지하느냐에 있었지 '어떻게 살 것인가'라는 인생의 목표는 뒷전이었다. 따라서 원하는 대학에 합격하거나 원하는 직장에 들어간 후에는 그 인생이 정처 없이 떠도는 난파선이나 마찬가지였다.

무슨 자리를 차지하는 것은 인생의 종착점이 아니라 시작점일 뿐이다. 비로소 내 꿈을 이뤄갈 수 있는 하나의 작은 실마리를 붙잡은 것에 불과하다. 요즘 아무리 취직이 어렵다지만 취직 그 자체는 아직 성취가 아니다. 이제부터 시작이다. 스스로를 고무하고 성장시킬 프로그램이 필요한 시점이다. 내 안에 잠자고 있는 가장 탁월한 재능은 무엇인가. 그 재능을 살리기 위해 갖춰야 할 조건은 무엇인가. 이 모든 것이 나의 꿈과 어떤 식으로 연결되어 있는가. 이런 질문에 대해 답을 구해야 할 때다.

만약 당신이 어떤 자리를 차지한 것에만 들뜬 나머지 인생의 좌표를 상실하는 순간 자신의 인생을 도둑질하고 있는 셈이다. 엄청난 재능을 지니고 있으면서도 평생 자신을 도둑질해 먹으며 살다 간 가련한 인생(지그 지글러, 『See You at the Top』)이 있어 여기 소개한다.

머리가 희끗희끗한 초로의 신사가 가게에서 채소를 산 뒤 20달러를 내고 잔돈을 받기 위해 기다리고 있었다. 점원이 돈을 받아 서랍에 넣으려고 하는데 그 돈에서 잉크가 묻어나왔다. 채소를 만지다가 손에 물기가 묻었는데 그 손으로 돈을 만진 것이다. 그녀는 놀란 나머지 어떻게 해야 할까 잠시 망설였다. 그러나 그 손님은 무척 오래된 이웃이었으며 신망 있는 사람이었으므로 위조지폐를 냈을 거라는 의심을 거두기로 했다. 그녀는 잔돈을 거슬러주었고 그 손님은 가게를 떠났다.

(100여 년 전의) 20달러는 아주 큰돈이라서 점원은 다시 그 돈에 관해 생각하다가 경찰을 불렀다. 경찰은 그 돈이 진짜라고 판정했지만 그 돈에서 묻어난 잉크 때문에 의혹을 거두지 못했다. 호기심이 발동한 경찰은 가택 수색 영장을 발부받아 그 손님의 집을 뒤졌다. 그리고 그 집 다락방에서 그리다 만 위조지폐를 발견했다. 또 그가 그린 석 점의 초상화도 함께 발견했다.

그 손님은 지폐를 손으로 진짜와 똑같이 그릴 정도로 탁월한 화가였다. 그래서 그의 위조지폐를 아무도 의심하지 않았다. 그가 체포된 뒤 그가 그린 초상화는 한 점에 5000달러 이상의 가격으로 팔려나갔다. 석 점에 1만 6000달러에 공매된 것이다. 그런데 아이러니한 것은 그가 20달러짜리 위조지폐 한 장을 그린 시간과 5000달러짜리 초상화 한 점을 그리는 데 소요된 시간이 같았다는 것이다. 그는 화가로서 탁월한 재능을 지녔으면서도 한낱 도둑으로 살아간 것이다. 그는 다른 사람이 아닌 바로 자기 자신으로부터 가장 많은 것을 훔쳐낸 불행한 도둑이었다. 그의 이름은 임마누엘 닝거이며, 1887년 경찰에 붙잡힐 때까지 평생 동안 자기 자신을 훔쳐 먹으며 살았다.

장롱 속의 재물을 지키는 것보다 자기 자신을 지키는 것이 더 중요하다. 재물은 도둑맞으면 다시 마련할 수 있지만 한번 도둑맞은 인생은 복구가 불가능하다. 당신도 임마누엘 닝거처럼 당신 자신을 훔쳐 먹으며 살고 있지는 않은지 진지하게 돌아볼 일이다.

100만 불짜리 재능(어음)을 묻어 둔 채로 100불짜리 푼돈(현찰)을 훔쳐 먹으며 살고 있지는 않은지, 지금 당장 자신을 성찰하라. 그리고 100만 불짜리 어음을 현금화할 프로그램을 개발하여 실행하라. 아무리 비싼 어음을 지니고 있어도 만기가 차기 전에 부도가 나버리면 휴지조각에 불과하다. 제때에 청구하여 찾아먹지 않고 장롱 속에서 잠자고 있는 어음 또한 휴지조각이기는 마찬가지다.

프랑스 소설가 F. 사강은 "오랫동안 나는 나 자신과 살지 못했다"고 고백하였다. 아무리 좋은 자리를 차지한들, 아무리 탁월한 재능을 지니고 있은들 나 자신을 찾지 못하고 나 자신과 더불어 살지 못한다면 그 인생이 어찌 부도를 면할 것인가. 사람들은 대개 남이 내 지갑에서 몇 만 원을 훔쳐내면 금세 알고 불같이 화를 내면서도 정작 자기 자신이 자기 인생을 송두리째 훔쳐내도록 그 사실을 알지도 못한다. 믿기지 않거든 자신의 생각, 언행 하나하나를 한 달간만 돌이켜 꼼꼼하게 적어보라. 그리고 그 기록을 잠자리에 들기 전에 곱씹어 읽어보라. 내가 그동안 내 인생을 얼마나 도둑질해 먹고 살고 있었는지 알게 될 것이다.

■ ■ ■ ■ **Review** Focus

장롱 속의 재물을 지키는 것보다 자기 자신을 지키는 것이 더 중요하다. 재물은 도둑맞으면 다시 마련할 수 있지만 한번 도둑맞은 인생은 복구가 불가능하다.

21　늘 계획과 생각만 일삼고 행동이 없다

> 바로 지금 하지 않으면 언제 하겠는가?
>
> _ 마쓰시타 고노스케

'작심삼일作心三日'은 누구나 다 아는 말이지만 이를 면하기는 참으로 어려운 일이다. 『맹자·등문공장구滕文公章句』 하편에 "그 마음에서 일어나서 그 일을 해치고, 그 일에서 일어나서 그 다스림을 해친다 作於其心 害於其事 作於其事 害於其政"라는 구절이 있는데, 그 가운데 '작심作心'에서 '작심삼일'이라는 성어가 비롯한 것으로 보인다.

작심이란 '마음에서 결정짓는 것'을 말하는데, 심사숙고하여 결정한 일을 사흘도 못 가서 저버리는 까닭은 의지가 약하든지 아니면 애초에 실천하기가 어려운 무리한 계획을 세웠기 때문일 것이다.

'괄목상대刮目相對'라는 말이 있는데, "어느 날 문득 눈을 비비고 다시 봐야 할 만큼 사람이 달라져 있다"는 뜻이다. 그런가 하면 십 년 전이나 오늘이나 아무것도 변한 것이 없는 사람도 있다. 이는 '작심'을 얼마나 더 꾸준하게 실행에 옮겼느냐에 따른 차이다.

언젠가 문화일보를 보는데 「방하차서 이야기」(영남대 배영순 교수) 가운데 "그때 방문을 나서는 자는 아무도 없었다"는 글이 강렬한 인상을 남겼다. 그래서 여기에 요약하여 소개한다.

수년 전 밤늦은 시간, 종로3가에 있는 '방하 교실'에서 「경세론」 강의가 진행되고 있었습니다. 무슨 얘기 끝에 선문답이 화제에 오르자 강의를 진행하시던 선생님께서는 "우리, 선문답이나 한번 해 볼까요?" 하시면서 문제를 하나 내주시더군요.

"지금 제주도로 가는 가장 빠른 방법이 무엇이겠습니까?"

순간 침묵이 흐르면서 아무도 선뜻 입을 열지 않았지요. 모두들 열심히 '기발한' 방법을 찾느라 골몰해 있는 듯했습니다. 밤늦은 시간이라 비행편은 끊어졌을 테니, 일단 기차나 버스 또는 승용차를 타고 부산이나 여수 등으로 가야겠지요. 그리고는 쾌속선을 수배하여 타야겠지요. 아니, 혹시 더 기발한 방법이 있을지도 모릅니다. 나뿐 아니라 모두들 이런저런 방법을 궁리했을 터이지만 혹시 망신만 당할까봐 섣불리 입을 열지 못하고 있었습니다. 뭔가 '선문답'에 어울리는 기막힌 답이 있을 텐데…? 꽤 긴 침묵이 이어졌습니다. 그 시간이 마치 심문을 당하는 것처럼 괴롭기 그지없더군요.

다들 앉은자리에서 그 단순한(?) 문제에 대한 답을 찾느라 분주하게 머리를 굴리고 있었지요. 저만 해도 웬만큼 나이도 먹고 박사라는 것도 받았을 뿐더러 평생 공부를 직업으로 삼아 살아왔는데, '제주도로 가는 가장 빠른 방법'이라는 상식적인 질문 앞에서 막막해지고 말았습니다.

그런데 다행히도 한 분이 무거운 침묵을 깨고 "일단 서울역으로 가야 하는 거 아니에요?" 하고 대답하시더군요. 그러자 선생님께서는 "선방에서 그렇게 대답하시면 몽둥이 맞습니다" 하고 말씀하시면서 정답(?)을 내놓으시더군요.

"기차를 타야 한다, 버스를 타야 한다, 아니 승용차로 가야 한다 하고 말을 섞을 새가 어디 있습니까? 지금 이 자리에서 방문을 박차고 나가야 하는 것 아닌가요?"

그때까지 그 많은 청중들 가운데 방문을 박차고 나서는 사람은 아무도 없었습니다.

이 일화가 주는 메시지는 "지금 당장 시작하라"는 것이다. 지금 당장 시작하는 것처럼 빠른 방법은 없을 것이다. 우리는 흔히 계획을 세울 때, 다음 달부터 또는 새해부터 시작하는 것으로 작심을 한다. 그래서 다음 달이 또 다음 달로 미뤄지고 내년이 또 내년으로 미뤄진다. 그래서 해마다 '작심'만 있고 실행은 없다. 그러므로 백년이 가도 다른 사람이 나를 '괄목상대'할 일이 없다.

조안 리의 저서 『사랑과 성공은 기다리지 않는다』에는 샌프란시스코 최대 갑부 줄리어스 메이 이야기가 나온다. 유럽에서 크게 성공한 로스차일드 사는 미국에 진출하기 위해 샌프란시스코에 지점을 내기로 했다. 어느 날 사장이 지점장 물망에 오른 한 직원을 불러 "떠나기 전에 준비 기간이 며칠이나 필요한지" 물었다. 직원은 깊이 생각하더니 "열흘쯤 걸리겠다"고 대답했다. 뭔가 성에 차지 않은 사장은 다른 직원을 불러 물었다. 그 직원은 "사흘쯤 걸리겠다"고 대답했다. 그래도 여전히 성에 차지 않은 사장은 직원을 한 명 더 불러 물었다. 그랬더니 그 직원은 대뜸 "지금 당장 떠나겠다"고 대답했다. 그러자 사장은 "좋아, 자네가 오늘부터 샌프란시스코 지점장일세" 하고 말하며 만족스럽게 악수를 나눴다. 이 세 번째 직원이 바로 줄리어스 메이다.

노자도 "행하는 자라야 뜻이 있다強行者有志"고 했다. 사랑의 진정한 의미도 사랑하는 마음이 아니라 사랑하는 행동이라고 했다. 아무리 좋은 뜻도, 아무리 거창한 계획도 행동으로 옮길 때라야 비로소 "있다"고 할 것이다.

■ ■ ■ Review Focus

"행하는 자라야 뜻이 있다"고 했다. 아무리 좋은 뜻도, 아무리 거창한 계획도 행동으로 옮길 때라야 비로소 "있다"고 할 것이다.

22 자신과 남에 대한 진정한 사랑의 의미를 모른다

나는 살아 있다.
이것보다 더 분명한 사실은 없다.

_ 앙리 베르그송

누군가를 진정으로 사랑한다는 것은 참으로 어려운 일이다. 오로지 내 기준으로 사랑을 들이대는 것은 차라리 쉬워 보인다. 그러나 사랑하는 대상을 기준으로 사랑 얘기가 옮겨가면 문제가 달라진다. 나아가 나 자신을 사랑한다는 화두에 이르면 막막함이 천길 절벽처럼 막아선다.

우리는 대개 나 자신의 욕망을 사랑이라는 이름으로 포장하여 집착에 이른다. 대개는 그 집착이 '사랑'을 힘겹게 만든다. 우리네 부모들은 혼히 자식들에게 "이게 어디 나 좋으라고 하는 일이냐. 다 너 잘 되라고 그러는 게지"라는 주문呪文을 입버릇처럼 달고 사신다. 그리고 그런 눈물겨운 사랑에 길들여진 자식들은 으레 그러는 것이려니 하고 그에 순응하며 살아간다. 그러다가 문득 '자아'에 눈을 떴을 때는 되돌아가기에는 이미 건너온 골이 너무 깊다. 결국 '사랑'이라는 이름으로 포장되어 흘러온 세월 속에 부모의 인생도 없고 자식의 인생도 없다. 이런 세월을 자식으로 살아온 현재 3,40대 이후의 사람들은 지난 날 그런 부모의 희생에 감사하면서도 그 부질없음을 깨닫고 있어 그나마 다행이다. 최근 들어 사정이 크게 좋아졌다고들 하지만 요즘의 부모 자식들도 여전히 그런 '눈먼 사랑'에서 자유롭지는 못한 듯싶다.

우리의 사랑에는 너와 네가 따로 있을 수 없다. 내가 좋아하면 너도 당연히 좋아해야 한다. 진한 감동의 물결이다. 밑줄 밖으로 뛰쳐나가는 사람은 우리의 일체감을 방해하는 '죽일 놈'이 된다. 아무리 불편해도 사랑의 이름으로 참아야 한다. 살아도 같이 살고 죽어도 같이 죽어야 한다. 여기에 상대방에 대한 존중이나 배려는 없다. 아무리 개인 사정을 말해도 구차한 변명이 될 뿐이다. 아무리 개성을 얘기해봐야 씨도 먹히지 않는다. 앞서 달리는 사람은 우리 모두의 공적公敵이므로 도저히 두고 볼 수 없다. 싹부터 잘라버려야지 그냥 뒀다간 우리 모두가 불행해진다―불과 2,30년 전 우리의 사는 풍경이다.

우리의 사랑에는 너와 내가 같을 수 없다. 나만 좋으면 네가 아무리 싫어해도 상관하지 않는다. 너야 어찌 하든 나는 나대로 가면 그만이다. 정말이지 쿨하다. 밑줄 밖으로 뛰쳐나가지 못하는 사람은 무능력한 인생 낙오자가 된다. 사랑으로 이름으로 호소하면, 별 이상한 사람 다 보겠다는 듯이 꼬나본다. 살면 나 혼자 살고 죽으면 너 먼저 죽어야 한다. 여기에 상대방에 대한 존중이나 배려는 없다. 아무리 더불어 사는 세상의 가치를 얘기해봐야 씨도 먹히지 않는다. 앞서 달리는 사람은 그저 선망의 대상이고, 내 뒤에 처지는 사람은 그저 내 발목을 붙드는 방해꾼일 뿐이다. 잘난 놈만 잘 살고 못난 놈은 그 싹부터 잘라버려야 잘난 내가 행복해질 수 있다—21세기 우리의 사는 풍경이다.

물론 둘 다 과장된 풍경이다. 그러나 사랑에 무조건 너와 네가 따로 있을 수도 없고 무조건 너와 내가 하나일 수도 없다는 사실은 분명해 보인다. 사랑은 상대에 대한 배려와 존중으로 바탕을 삼아야 한다. 그래야 빗나간 사랑의 '비극'을 피할 수 있다. 자식에 대한 사랑이든, 이성에 대한 사랑이든, 동료에 대한 사랑이든, 이웃에 대한 사랑이든, 자기 자신에 대한 사랑이든 소유와 집착을 벗고 공존共存과 공영共榮의 지혜를 발휘해야 한다. 사랑의 이름으로 어느 쪽의 희생을 강요하거나 강요당해서도 안 된다.

사랑은 본능만으로는 부족하다. 또 위험하기도 하다. 따라서 사랑에도 기술이 필요하고 지혜가 필요하다. 특히 자기 자신을 사랑하는 데에 이르면 지독한 인내가 필요하고 용기가 필요하다. 대개는 인내가 부족하고 두려움 때문에 자기 자신에 대한 사랑을 포기한다. 자기 자신을 배반하는 것으로 사랑을 대신한다. 누군들 자기를 사랑하지 않을 사람이 있을 것인가. 그러나 대개는 그 방법에 있어 너무 무지하고 서툴다. 그리고 한없이 비겁하다.

진정으로 나 자신을 사랑하고 싶다면, 지금까지 내가 반드시 했어야 할 일과 하지 않았어야 할 일을 구체적으로 적어보라. 그리고 그 반대로 행한 일이 있거든 그 원인을 적어보라. 게으름일 수도 있고, 두려움일 수도 있고, 탐욕일 수도 있고, 무지일 수도 있고, 잘못된 판단일 수도 있고, 울며 겨자 먹기일 수도 있을 것이다. 이제는 그것들이 내 가족과 회사 동료, 직업에 어떻게 작용했는지를 구체적으로 적어보라. 그 답이 나왔는가. 앞으로는 무슨 일을 결행하기에 앞서 미리 이런 작업을 해보라. 그러면 사리분별이 분명해지고, 나 자신을 진정으로 사랑하는 일만 하게 될 것이다.

『적과 흑』의 작가 스탕달은 "사랑에는 한 가지 법칙밖에 없다. 그것은 사랑하는 사람을 행복하게 해주는 일"이라고 했다. 오늘도 나 자신을 향하여 "행복했다"고 느낄 수 있는, 다른 사람들이 "당신 때문에 행복했다"고 말할 수 있는 하루가 되기를 바란다.

■ ■ ■ **Review** Focus

사랑은 본능만으로는 부족하다. 또 위험하기도 하다. 따라서 사랑에도 기술이 필요하고 지혜가 필요하다.

23 잡다한 일정에 분주하여 자기계발을 소홀히 한다

> 최선을 다하고 있다는 말은 아무 소용이 없다. 중요한 것은 성공에 필요한 행동을 지속하는 것이다.
>
> _ 윈스턴 처칠

"바보들은 항상 결심만 한다"(책 제목이기도 하다)는 일갈은 참으로 명언이다. 그러고 보면 나도 참 많은 날들을 바보로 살았다. 항상 결심만 하다가 자기 인생을 무덤까지 가져간 사람도 숱하게 많을 것이다. 나도 그러지 않으리란 보장이 없다. 그때는 내 묘지명에 뭐라고 새길 것인가? "평생을 결심만 하다가 흔적도 없이 사라져 간 인생"이라고 새길 것인가?

흔히 자기계발(또는 자기관리) 전문가들은 "바쁘다"는 평계를 달지 말라고 충고한다. 중요하지 않은 일들을 과감하게 일정에서 지워버리고 그 자리를 자기계발 프로그램으로 채우라고 조언한다.

지당하신 말씀이다. 그러나 막상 현장에서 일하는 사람들에게는 그게 그리 간단하지가 않다. 전문가의 조언에 따라 모질게 마음먹고 실행해 보지만 작심삼일이요, 길어봤자 석 달이다.

  취미는 스스로 끌려 몰입하는 일종의 벽癖이기 때문에 굳이 동기부여가 없더라도 평생을 지속하기가 쉽다. 아무리 바빠도 어떻게든 짬을 내어 그 취미를 즐기기 때문이다(그렇지 않다면 그건 취미도 아니다). 그러나 자기계발은 대개 자기 일에 관련한 지식이나 기능을 필요에 따라 익히고 향상시키는 것이므로 강력한 동기부여가 필요하고 끊임없이 지속시키고자 하는 의지가 필요하다. 그래서 한두 가지의 취미를 평생 지속시키는 사람은 흔하지만 자기계발을 평생 지속시키는 사람은 드물다.

  그러므로 어떤 자기계발 프로그램이든 성공의 열쇠는 시간에 있지 않고 열정에 있다. 예를 들어, 중국어 회화 공부를 시작했다고 하자. 진정으로 여기에 미쳐버리면 중국어 회화 공부 때문에 바빠서 술 먹을 시간이 없게 되는 것이지, 연말 모임 때문에 바빠서 중국어 회화 공부를 못하게 되지는 않는 것이다.

  예로부터 대개 자기 분야에서 독보의 업적을 이룬 사람들은 거기에 평생을 미쳤던 사람들이다. 물론 누구나 함부로 넘볼 수 있는 경지가 아니지만 그 '미침(狂)'을 얼마든지 차용할 수는 있다. 일단 미쳐보자는 것이다. 물론 어느 것 하나에 미쳐버리면 다른 일에 소홀할 수는 있지만 그리 염려할 바는 아니다. 일단 미쳐서 '초보'의

지루함을 극복하고나면 그 다음부터는 재미가 붙어서 다른 일을 충분히 돌보면서도 얼마든지 지속할 수 있는 것이다.

그녀는 마흔 살의 중소 기업체 사장이다. 어느 날 우연히 친구 따라 살사 바에 놀러 갔다가 살사에 매력을 느껴 배우기로 작정하였다. 그러나 춤을 배우기에는 적잖은 나이에다 몸치이기도 한 그녀는 아직껏 어떤 춤도 제대로 배워본 적이 없었다. 주위 사람들도 그 나이에 무슨 살사냐며 '그러다 말겠지' 웃어 넘겼다. 일단 동호회에 가입하여 살사 판의 분위기를 익힌 그녀는 본격적으로 춤을 배우기 시작했다. 그러나 만만치가 않았다. 초보 중의 초보자의 손을 선뜻 잡아주려는 파트너도 없었고, 혼자서 독습할 만한 마땅한 교재도 없었다. 대개 열 살은 더 젊은 친구들로 구성된 멤버들이 유려한 솜씨로 신나게 살사를 즐기고 있는 사이 그녀는 마치 꿔다 놓은 보리자루처럼 서먹했다.

이래서는 안 되겠다고 생각한 그녀는 아예 미치기로 작정했다. 얼굴에 철판을 깔고 적극적으로 나서서 배워나갔다. 동호회 활동은 물론이고 일주일에 별도로 7~8강좌를 소화했다. 거의 매일 저녁 시간을 모두 살사 강습에 몰두한 것이다. 그렇게 6개월 동안 근무 외 시간의 모든 중심이 살사에 집중되었다. 즐겨 마시던 술도 입에 댈 시간이 없었고, 살사와 관련 없는 사람들과의 만남은 최소화되었다. 업무 관련 일정은 일체 낮 시간으로 한정되었다. 이른바 살사의 '지존'들도 그녀의 열정에 감복하여 그 배움을 특별히 보살

필 정도였다. 한번 살사에 미쳐 버리자 그 밖의 다른 분주한 일정들이 자연스럽게 일거에 정리되었다. 과연 불과 6개월 만에 2년 넘게 배운 젊은 친구들의 춤 솜씨를 능가하게 되었다. 이제 다시 일상으로 돌아온 그녀는 그 취미를 한결 여유롭게 즐기면서 일과 삶의 활력소로 삼을 수 있게 되었다.

내가 아는 어떤 여사장님의 최근 행적이다. 어떤 일이든 진실로 하고 싶다면 '시간 타령'이 있을 수 없다. 시간은 그 열정의 크기만큼 분배되게 마련이다. 굳이 시간관리 처세서를 들여다 볼 필요도 없다. 배우고 익혀야 할 일이 있다면 일단 거기에 미쳐야 한다. 아무리 시간이 남아돌아도 "미치지 않으면 (결코) 미치지 못한다(不狂不及). 세상에 미치지 않고 이룰 수 있는 큰일이란 없다. 학문도 예술도 사랑도 (일도) 나를 온전히 잊는 몰두 속에서만 빛나는 성취를 이룰 수 있다(정민, 『미쳐야 미친다』)."

■ ■ ■ ■ Review Focus

세상에 미치지 않고 이룰 수 있는 큰일이란 없다. 학문도 예술도 사랑도 일도 나를 온전히 잊는 몰두 속에서만 빛나는 성취를 이룰 수 있다.

24 과도한 음주와 오락에 빠져 건강을 돌보지 않는다

> 건강과 행복의 유일하고도 가장 중요한 열쇠는 자기 자신을 활짝 열어 보이는 것이다.
>
> _ 베일런트

뿌연 담배 연기, 어지럽게 널린 술병들, 회사나 상사에 대한 비난에서 시작되어 신세 한탄으로 이어지는 말의 성찬들, 자정을 알리는 벽시계의 종소리, 자리를 옮겨 한잔 더하자는 호걸스런(?) 의기투합….

불과 10년 전까지 흔히 볼 수 있었던 풍경이다. 적잖은 사람들은 아직도 그 시절의 낭만(?)이 그립다고 말한다. 그러면서 요즘의 '삭막함'에 쯧쯧, 혀를 찬다. 그러나 그런 자리가 끝날 때마다 어김없이 엄습해 오던 망연한 허탈감, 탈진에 가까운 피로감, 엉망이 되어 버린 라이프 사이클로 인한 불안감은 애써 기억하지 않는다. 세월은 덧없이 흘러 문득 나이만 먹은 나를 돌아보니 시동도 잘 걸리지 않는 고물 차가 되어 있다. 술과 담배, 온갖 오락에 찌들고 세월에 찌들어 심신이 망가져 있는 나, 오라는 곳도 없고 마땅히 할 일도 없는 신세가 되어 세상을 원망한다.

요즘에는 그래도 음주 문화가 크게 개선되었다. 그야말로 허구한 날 코가 삐뚤어지게 마시는 일은 드물어졌다. 그리고 3,40대를 중심으로 금연이 대세를 이루고 있다. 또 스트레스를 또래끼리의 취미 활동이나 운동으로 풀고 건강도 챙기는 문화가 확산되고 있다.

그러나 아직도 과도한 업무나 치열한 경쟁에서 비롯한 삶의 불균형에 시달리고 있는 사람들이 더 많은 현실이다. 온라인 게임이나 채팅에 중독되어 헤어나지 못하고 있는 사람들도 줄지 않고 있다.

나를 해치는 것들은 대개 습관에서 비롯한다. 대부분의 사람들은 착하게 살려고 노력한다. 가능하면 남에게 해를 끼치지 않고 나쁜 짓은 하지 않으려고 마음을 다잡는다. 그러나 자기 자신에게는 온갖 나쁜 짓을 서슴없이(당연한 듯이) 행한다. 아예 습관이 되어서 그게 얼마나 나쁜 짓인지도 의식하지 못한다. 몸이 망가지도록 술을 퍼마셔대고 줄담배를 피워대는가 하면 밤늦게까지 오락에 빠져 심신을 혹사시킨다. 나쁜 식습관과 운동 부족으로 비만이 되거나 심신이 허약해져 건강에 적신호가 켜지도록 자기 몸을 방치한다. 비교적 자기관리가 철저하다는 사람들도 건강을 챙기는 데는 소홀한 경향이 있다. 특히 체질이나 나이 대에 맞는 건강 검진을 정기적으로 받으면서 그에 따른 적절한 처방을 실행하는 사람들은 드물다. 업무에 치여 날마다 과로에 시달리면서도 재충전은 엄두도 내지 못한다. 건강을 망치고 가족과의 연대가 끊어지면서까지 '성공'을 한들 거기에 무슨 보람이 있을까?

　건강은 건강할 때 돌보라고 했다. 이미 건강을 잃은 다음에는 회복하기가 쉽지 않다. 잃었던 자리나 일을 되찾기는 더욱 어렵다. 건강을 지키는 제1의 요소는 '절제와 균형'이다. 사람이 사는 데는 적당한 휴식이 필요하다. 그 휴식의 방편에는 당연히 음주나 오락도 포함된다. 그러나 '절제'가 따르지 않으면 휴식이 아니라 혹사에 이른다. 오로지 업무에만 파묻혀 삶의 균형을 잃는 것 또한 건강에는 최악의 적이다. 대기업의 간부들 가운데 적잖은 이들은 종종 과로사過勞死의 두려움에 사로잡힌다고 한다. 결코 남의 얘기가 아니다. 당신이 워커홀릭이라면 당신 자신의 불행이 될 수도 있다.
　그래도 요즘에는 이른바 '웰빙' 바람을 타고 건강에 대한 관심이 부쩍 높아졌다. 다양한 웰빙 산업이 덩치를 키워가고 있고, '잘 먹고 잘사는 법'이라고 선전하는 책들도 인기리에 팔리고 있다. 마라톤을 비롯한 각종 스포츠 동아리도 번성하고 있고, 건강을 위해서라면 투자를 아끼지 않는 사람들도 늘어나고 있다.
　그러나 건강에는 '몸'의 건강만 있는 게 아니다. 그보다는 마음의 건강, 정신의 건강이 더 중요하다. 저마다 웰빙을 외치면서도 정작 마음이나 정신의 웰빙을 말하는 목소리는 희미하다. 건강한 정신을 회복하려면 무엇보다 먼저 '인간人間'이 되어야 한다. 사람 사이의 관계를 회복해야 한다는 것이다. 개인의 취향이나 스케줄도 중요하지만 직장 상사나 동료와의 관계, 가족이나 친지와의 관계, 이웃과의 관계도 그에 못지않게 중요하다. 사람 사이의 관계가 안정되어 있지 못하고 늘 잡음이 일거나 홀로 소외되어 들개처럼 떠돈다면 아직 '인간'이 되지 못한 탓이다.

또 배를 채우는 음식도 중요하지만 마음의 양식을 섭취하는 것도 중요하다. 감성이 메말라 있고 정신이 빈곤하다면 이른바 '몸짱'이 된들 그게 무슨 자랑이 될 것인가. 일과 가정 사이에도 균형이 필요하듯이 몸과 정신의 건강에도 균형이 필요하다. "가장 어리석은 일 가운데 하나는 이익을 얻기 위해 건강을 희생하는 것"(쇼펜하우어)이라고 하는데, 하물며 (시간이나 금전상의) 손해를 보면서까지 건강을 희생하는 것이야 말할 필요조차 없을 것이다.

몸과 정신의 건강을 열심히 챙겨라. 샐러리맨에게 건강만큼 든든한 밑천이 또 있을 것인가.

■ ■ ■ ■ Review Focus

몸의 건강은 물론 정신의 건강도 중요하다. 건강한 정신을 회복하려면 무엇보다 먼저 '인간人間'이 되어야 한다. 사람 사이의 관계를 회복해야 한다는 것이다.

25 일이나 생활의 분주함에 쫓겨 인생의 숲을 돌보지 못한다

> 내가 어떤 길을 걷고 있는지 분명하게 알고
> 싶다면 눈을 감고 어둠 속에서 그 길을 걸어보라.
>
> _ 십자가의 성 요한

숲 속에만 들어가 있으면 그 숲이 어떻게 생겼는지 결코 알지 못한다. 너무나 당연한 말을 왜 하느냐고 나무랄지 모르지만 너무 많은 사람들이 실제로 숲 속의 일에만 쫓긴 나머지 밖으로 나와 자기 인생의 숲 전체를 조망할 엄두도 내지 못한다.

이런 '비극'은 순전히 나 자신만의 잘못에서 비롯한 것은 아니다. 우리 사회의 편협하고 획일화된 의식 시스템이 개인의 삶을 옥죄고 있기 때문이다. 세상에 태어나는 그 순간부터, 무조건 돈 많이 벌고 출세하는 것이야말로 '최고선'이라고 세뇌당해 온 탓이다. 자기 존재를 고민하는 것은 금기시당해 왔으며, 오로지 더 높은 자리와 더 많은 보수를 얻기에 유리하다고 공인된(?) 앞줄을 차지하는 데로만 내몰렸다. 시대에 따라 약간씩 앞뒤가 바뀌기는 했지만 '사士'자 직업을 앞세운 그 서열은 너무도 엄정했다. 전공이 무엇이든 상관없이 일단 일류대만 들어가면 장땡이었다. 이어서 고등고시에 합격만 하면 인생이 달라졌다. 부잣집 규수와 엮어 주고 한몫 챙기려는 마담뚜들이 장사진을 쳤고 고향이나 모교에서는 그 눈부신 업적(?)을 기리는 현수막을 내걸고 그 영광(?)을 만천하에 알렸다. 입신양명立身揚名이 따로 없었다.

예전에 연예인들이 '딴따라'라며 업신여김을 당하고 배고팠던 시절에는 그 누구도 자기 자식이 '딴따라'가 되는 걸 원하지 않았다. 오히려 "내 눈에 흙이 들어가기 전에는 안 된다"며 필사적으로 말렸다. 그러나 요즘에는 어떤가. 뜨기만 하면 CF 몇 편으로 수억 원씩 벌어들이는 일이 다반사가 되자 너도나도 스타를 만들겠다며 어린 자식들 손을 잡아끌고 방송국 문턱이 닳도록 드나든다. 박세리가 LPGA에서 우승하며 돈과 명예를 거머쥐는 걸 보고는, 한동안 고사리 같은 손에 골프채를 쥐어주며 요란법석을 떨기도 했다. 그 아이가 그걸 재미있어 하는지는 전혀 고려할 생각조차 않는다. 물론 그 옛날 험한 세월 배곯고 살았던 늙은 부모님들이 '출세'까지는 아니더라도 자식들이 '든든한 밥자리' 잡아 잘 살기를 소망하신 것은 당연하다. 그러나 오늘날 벌어지는 요지경을 보면 그런 차원이 아니다. 인생의 행복을 오로지 파이와 권력의 크기로 재단하는 무지몽매無知蒙昧 때문이다. 이런 무지몽매는 개인 차원이 아니라 이미 오랫동안 우리 사회를 지배하고 있는 거대한 의식의 스펙트럼이다.

이런 환경에서 우리는 개인의 아이덴티티를 고민하고 형성할 겨를이 없었다. '출세'의 줄 세우기에 내몰리고 다른 사람의 시선을 의식한 '남의 인생'을 사느라 정작 '자기 인생'을 사는 법을 배우지 못했다. 이처럼 거창한 얘기까지 갈 것도 없다. 지금 당장 나의 일과 삶을 돌아보라. 일에 치이고 이런저런 대소사에 쫓겨 허겁지겁 사느라 돌아보지 못했던 자기 인생 전체를 조망해 보라. 과연 '이렇게 살아도 괜찮은지?' '나는 충분히 행복하게 살고 있는지?' '내 삶의 궁극적인 지향점은 어디인지?' '주위의 기대나 익숙한 것들과의 결별에 대한 두려움 때문에 자신의 진정한 욕구를 애써 모른 체하고 있는 것은 아닌지?' 스스로 고백해 보라. 더 늦게 전에 '나'를 통찰하고 나의 삶을 재정립하라.

이런 고민은 '하고 싶은 일'의 문제일 수도 있고 '일하는 방식'의 문제일 수도 있고 '삶의 태도' 문제일 수도 있다. 『가슴 두근거리는 삶을 살아라 Source』의 저자 마이크 맥매너스는 "정작 나를 책임지지 않는 삶은 버리라"며 다음과 같은 통찰을 전한다.

우리 사회는 '나를 책임지지 않는 삶'을 버리도록 그냥 내버려두지 않는다. 오히려 자신이 하고 싶은 일만 하는 사람은 무책임하다는 핀잔만 듣는다. 그런 일을 직업으로 삼으려고 하면 굶어죽기 딱 좋다는 딱한 시선으로 바라본다. 그리고 책임이란 가족과 직장 그리고 사회에서 기대하는 대로 행동하는 것이라고 가르치면서 어떤 행동이 사회적으로 환영받는 행동인지, 어떤 직업이 바람직한지를 엄중하게 지시한다. 세상이 커다란 가이드라인을 제시하면 대부분의 사람들이 그대로 믿고 받아들이는 것이다.

　인기 높은 대학, 보수 많은 직장, 조건 좋은 결혼, 착실한 저축, 안정된 생활… 우리들은 이렇게 정해진 대로 살면서 세상에 동화되고 그것을 당연한 일로 여긴다. 그 결과 인생의 균형이 흔들리면서 살아갈 의욕을 잃고 심신의 건강을 해친다. 설령 이런 사실을 자각하더라도 책임감이나 죄책감 때문에 그 안에 갇혀 빠져 나오지 못한다. 정말 좋아하는 일이나 진정으로 바라는 삶은 정년퇴직한 뒤에 챙겨도 늦지 않다고 스스로 위안을 삼을 뿐이다.

　아무리 바빠도 한번쯤 멈춰 서서 인생의 숲을 돌아보라. 바로 그 통찰이 공연히 바쁘기만 하고 피곤한 삶 속에서 당신을 건져내어 줄 것이다.

■ ■ ■ **Review** Focus

지금 당장 나의 일과 삶을 돌아보라. 일에 치이고 이런저런 대소사에 쫓겨 허겁지겁 사느라 돌아보지 못했던 자기 인생 전체를 조망해 보라.

26 취미도 열정도 없이 무료하게 보내면서 환경만 탓한다

> 성공하는 사람은 그가 원하는 환경을 스스로 찾아내고 그것을 만들어간다.
>
> _ 버나드 쇼

열정 없이 이루어지는 일은 아무것도 없다. 취미도 예외는 아니다. 취미에 열정을 실으면 그 취미를 자기 인생의 '예술'로까지 승화시킬 수 있다. 취미는 잘만 활용하면 참으로 다양한 효용을 발휘한다. 삶의 활력소가 될 수도 있고, 업무의 윤활제가 될 수도 있을 뿐 아니라 지극한 성취감을 줄 수도 있다. 특히, 사람 사이의 관계를 돈독하게 하는 데 더 없이 훌륭한 매개가 되기도 한다.

여러 사람을 만나다보면 그 사람한테서 전해오는 생동감이 각양각색이다. 그 가운데는 종종 나까지 전염될 정도로 생기발랄함(이 안에는 물론 자신감이나 여유로움도 내포되어 있다)이 넘치는 사람들이 있다. 나중에 알고 보면 그런 사람들은 거의 예외 없이 '매우 활동적인' 취미 생활을 즐기고 있다. 그러니까 여러 사람들과 더불어 즐기는 취미 생활, 예를 들어 조기축구를 비롯한 각종 스포츠 동호회, 등산모임, 댄스 클럽, 연극이나 사진 동호회 등에서 활동하고 있었다. 그들은 한결같이 나이가 무색할 정도의 건강과 싱그러움을 간직하고 있으면서 자기 일에도 열정적이었다. 그들은 주말이면 만날 수 있는 또 다른 즐거움에 늘 고무되어 있다.

그러나 굳이 '활동적인' 취미가 아니라도 상관없을 것이다. 여가를 이용하여 뭔가에 몰두할 수 있다는 것만으로도 충분하다. 뭔가를 수집하고 그에 대한 식견을 쌓는 것, 뭔가를 끊임없이 궁리하고 만들어 보는 것, 문학이든 그림이든 음악이든 그 안에 빠져서 즐기면서 일가를 이뤄가는 것 등은 직접 해보지 않은 사람은 그 쾌감과 성취감을 알지 못한다.

내가 매주 일요일마다 나가는 조기축구에서는 나이 마흔도 '아주 젊은' 축에 든다. 4,50대가 주류를 이루고 일흔에 가까운 할아버지들도 적잖다. 그런데 다들 무늬만 할아버지다. 3,40대 젊은이들과 똑같이 한나절을 뛰고도 끄떡 없다. 오히려 젊은 친구들이 몸싸움에서 번번이 나자빠진다.

이처럼 건강한 삶을 위한 취미 외에도 여가를 이용하여 '위대한' 업적을 이룬 사람들도 적잖다. 열여섯 살에 인쇄공이 된 하이어트(미국의 발명가)는 식자틀에 활자를 심는 일을 하면서도(우리나라도 1980년대까지는 활판 인쇄가 주류를 이뤘다) 머릿속으로는 온갖 아이디어를 궁리하였다. 퇴근 후에는 낮에 생각해 두었던 아이디어들을 정리하여 실험에 몰두하여 금강사제 회전식 숫돌, 당구뿔 제조기 등 숱한 발명품을 만들어냈다. 이런 열정을 바탕으로 마침내 셀룰로이드, 나선상 베어링 같은 세기의 발명품을 고안했다.

스페인의 대문호 세르반테스는 중년의 나이에 외국인 용병으로 유럽의 군대에 들어갔다. 그런데 그의 군대가 패하는 바람에 투옥되고 말았다. 그는 불행해하기는커녕 오히려 먹고 사는 일에 신경 쓰지 않아도 된다며 좋아했다. 더구나 누구의 간섭도 받지 않고 글을 쓸 수 있다며 기뻐했다. 그는 소설을 쓰기 시작했다. 한 장을 쓸 때마다 감방 동료들에게 읽어주었다. 그는 그렇게 한 권의 책을 다 썼다. 그 책이 바로 시공을 초월하여 세계인의 사랑을 받고 있는 『돈키호테』다. 그때 그의 나이 50세였다.

누군들 이걸 몰라서 못하겠느냐며 또 나를 나무랄지 모르겠다. 그렇다면 지금 당신은 시간이 없다거나 금전적 여유가 없다는 열악한 환경 탓을 하고 앉아 있지는 않은가?

우리나라 시단에 이름만 대면 알 수 있는 꽤 유명한 시인이 있는데, 나중에 그 시인의 직업이 은행원이라는 걸 알고 나서 적이 놀란 적이 있다. 그 바쁜 은행 업무를 보면서 어떻게 시로 일가를 이룰 수 있었을까? 평생 숫자를 다루면서 그토록 감성이 풍부한 시심詩心을 어떻게 간직해 올 수 있었을까?

굴지의 대기업에 다니는 내 친구는 자기 회사 사장님 때문에 놀랐다고 한다. 한번은 과장급 이상 간부들이 2박3일 일정으로 워크숍에 참여했는데, 둘째 날 저녁 레크리에이션 마당에서 사장님이 깜짝 쇼를 선보였다. 느닷없이 멋진 무대복에 각자 악기를 든 일단의 사람들이 나타났다. 사장님은 "음악이 좋아 10년 넘게 취미로 그룹사운드 활동을 해온 친구들"이라고 소개했다. 신나는 곡을 연주할 테니 맘껏 즐기라고 하면서 사장님은 손수 드럼 채를 잡았다. 몸이 두 개라도 모자라 보일 정도로 바쁜 사장님이 어떻게 틈을 내어 저런 취미 활동을 했을까, 모두들 놀란 입을 다물지 못했다고 한다.

그렇다면 이제 나 자신이 그 일에 진정으로 열의를 가지고 있는지 돌아보라. 바쁘다는 핑계로 하지 못하는 사람들은 아무리 시간이 남아돌아도 하지 못한다.

하고 싶은 일이 하나도 떠오르지 않는가? 그렇다면 지금이라도 자신의 내면을 찬찬히 들여다보라. 사람이라면 누구나 자기 안에 하나의 열정을 숨기고 있다. 다만 그것을 발견하지 못하고 있을 뿐이다.

■ ■ ■ ■ **Review** Focus

이제 나 자신이 그 일에 진정으로 열의를 가지고 있는지 돌아보라. 바쁘다는 핑계로 그것을 하지 못하는 사람들은 아무리 시간이 남아돌아도 하지 못한다.

27 TV라는 감옥에 갇혀 옴짝달싹도 하지 못한다

> 어리석은 이는 남아도는 시간을 소비하지 못해 안달하고 지혜로운 이는 부족한 시간을 쪼개 쓰느라 고민한다.
>
> _ 쇼펜하우어

직장인의 절반은 저녁 시간을 TV 시청으로 보낸다고 한다. 만약 모든 직장인들이 매일 제시간에 귀가한다고 가정하면 TV로 저녁 시간을 죽이는 직장인 비율은 아마도 70퍼센트를 웃돌 것이다. 집에 있는 동안은 아무것도 하지 못하고 다른 어떤 것도 귀찮아하는 TV 중독증 환자도 적지 않다고 한다. 『직장인이여 나 자신에게 열광하라』의 저자 신동기 씨는 "회사와 가정의 경계는 TV 리모컨"이라며 반성한다.

오랜만에 아빠가 일찍 귀가하자 아이들은 이것저것 할 얘기가 많은 듯 자꾸 말을 거는데, 나는 자리에 앉자마자 TV 리모컨을 켜고는 화면에 시선을 고정한 채 아이들 말에 건성으로 대꾸하며 귀찮아한다. 이내 기분이 상한 아이들은 제 방으로 들어가 문을 닫아버린다. 이렇게 가족과의 연대는 단절되어가고 나는 속절없이 TV 화면 속으로 무너진다.

흔히 TV를 '바보상자'로 부른다. 그러나 우리 스스로 TV를 바보상자로 만드는 것이지 TV 자체가 바보상자일 리는 없다. 그저 습관적으로 TV 리모컨부터 켜고 그 안에 빨려들어 지쳐 잠이 들 때까지 멍~하니 헤어 나오지 못하기 때문에 스스로 바보가 되어갈 뿐이다. 한마디로 시간을 죽이고 관계를 단절시키는 '마약'을 일상으로 복용하면서 사는 셈이다.

나도 한때 TV 때문에 아내한테 핀잔깨나 들었다. "보지도 않을 거면서 왜 정신 사납게 TV를 켜놓고 있느냐"는 거였다. 사실 TV 시청 자체를 별로 즐기는 편도 아닌데, 무슨 프로그램을 방영하는지도 모르면서 리모컨부터 켜고 보는 것이 습관이 된 것이다. 그래서 'TV 완전정복'을 시도했다. 내 필요에 따라 딱 그 시간에만 TV를 켜기로 한 것이다. 내가 꼭 보고 싶은 정기 프로그램, 가족과 함께 함께 즐길 수 있는 프로그램, 그때그때 특별 편성된 프로그램 가운데 관심을 끄는 것만 골라 시청하는 버릇을 들이기로 한 것이다. 예를 들어, 사극을 좋아하는 나는 주말 대하사극 「불멸의 이순신」을 시작할 때만 리모컨을 켜고 끝나면 바로 끈다. 평일에 일찍 들어올 경우 9시 뉴스 시간 외에는 아예 TV를 켜지 않는다. 그 밖에는 온 가족이 함께 대화하면서 즐길 수 있는 프로그램으로 시청 범위를 한정했다. 예를 들어, 일요일 아침 「퀴즈 대한민국」(아이들도 너무 좋아한다)이나 종종 방영하는 '자연'이나 '휴먼' 다큐멘터리 등이다. 아이들은 자기들 프로그램으로 일요일 저녁 「개그 콘서트」를 선정했고, 아내는 목요일 밤 「웃찾사」를 선정했다. 그러나 한 가지 원칙은, 이렇게 제한된 프로그램도 다른 어떤 일에 우선할 수 없다는 것이다. 개인사든 가정사든 할 일이 있으면 무조건 TV는 조용히 잠재운다는 것이다.

물론 이런 '완전정복' 계획이 완벽하게 지켜지는 것은 아니지만 그 이후로 우리 집의 TV 문화가 혁신된 것만은 분명했다. 적어도 우리 집의 TV는 '바보상자'를 면한 것이다. 아무도 습관적으로 리모컨부터 켜고 보는 일은 없었다. 나보다는 아이들이 정해진 원칙에 더 충실했다. 아빠가 원칙에서 벗어나려 하면 아이들이 나서서 가차 없이 TV를 꺼버렸다.

사실 TV는 여러 모로 유용한 도구다. 활용하기에 따라 교양이나 정보의 샘이 될 수도 있고, 가정을 화목하게 해주는 매개가 될 수도 있다. 나를 감동시키고 일깨우는 메신저가 될 수도 있고, 새로운 문화 아이콘을 읽는 지도가 될 수도 있다. 사업 아이템을 얻을 수도 있고, 구상하는 작품의 영감을 얻을 수도 있다.

그러나 이 모든 효용은 '계획된 시청'이라야 유효하다. TV에서 자유로운 의식이 살아 있을 때라야 가능한 얘기다. 그래서 TV 하나를 시청하는 데도 노력이 필요하다. 그저 습관적으로 켜지고 나서 꺼질 줄 모르는 TV는 '바보상자'를 넘어 우리의 의식을 가둬 혼미하게 만드는 '감옥'이다. 그 감옥에 갇히는 순간 책이 내 손에서 떠나게 되고, 나는 영영 책으로부터 멀어진다. 아이들에게 나는 '가끔 지나치는 이웃집 아저씨'일 뿐이고, 아내에게는 잠만 자고 나가는 '하숙생'일 뿐이다.

물론 저녁이면 학원에 다니거나 업무가 바빠 TV를 쳐다볼 시간조차 없는 직장인들도 많겠지만 아직도 적잖은 사람들이 그 끔찍한 '감옥'에 갇혀서 살고 있다. 감옥에서 벗어나려면 일단 리모컨을 꺼라. 한 일주일만 TV가 없다고 생각하고 아예 코드를 뽑아 버려라. 아마도 처음 며칠은 허전해서 발광이 날 것이다(정 못 견디겠거든 라디오를 들어라. 라디오는 중독이 되지 않으면서도 시간을 재미있게 보낼 수 있는 도구다). 그러나 그 고비를 넘기면 손에 책을 쥐고 있거나 아이들 숙제를 돌봐주고 있는 자신을 발견하게 될 것이다. 그때서야 비로소 '시청 계획'을 세우고 TV를 생산적으로 활용하라.

■ ■ ■ **Review** Focus

지금 만약 TV라는 끔찍한 '감옥'에 갇혀 있다면 일단 리모컨을 꺼라.
한 일주일만 TV가 없다고 생각하고 아예 코드를 뽑아 버려라.

28 알량한 재주를 뽐내느라
겸손의 큰 덕을 베풀 줄 모른다

칭찬받았을 때보다 꾸중을 들었을 때 겸양하는 것이 참으로 겸손한 것이다.

_ J. 파울

공功은 죄다 자기 잘난 탓으로 돌리고 허물은 죄다 남 못난 탓으로 돌리는 사람들이 있다. 대개의 직장인들은 이런 사람을 '꼴불견' 1위로 꼽는데 주저하지 않는다. 동시에 이런 사람을 '가장 믿지 못할 사람'으로 꼽는다. 그 사람에게 언제 뒤통수를 얻어맞을지 모르기 때문에 기피 인물로 낙인찍는다. 이 대목에서 "스스로 드러내지 않으니 밝고, 스스로 옳다하지 않으니 빛난다. 스스로 뽐내지 아니하니 공이 있고, 스스로 자만치 아니하니 으뜸이 된다"(김용옥, 『길과 얻음』)고 한 노자의 통찰이 새삼 가슴을 친다.

아무리 큰 공을 세웠어도 자화자찬을 일삼으면 경멸을 살 뿐 아니라 종종 자신을 해치는 비수가 되어 돌아오기도 한다. 그러나 그 공을 다른 사람의 노고로 돌리는 겸손의 덕을 베풀면 그 공이 몇 배로 다시 돌아올 뿐 아니라 널리 신망을 얻게 된다. 물론 '정치적인' 겸손은 종종 비굴과 아첨의 경지로 떨어지기도 하지만 진심에서 우러나온 겸손은 자기를 더욱 빛내고 사람들을 감동시키기에 충분하다.

『사기史記·유협열전遊俠列傳』에 곽해郭解라는 협객이 어떻게 교만을 경계하고 뭇사람들의 지지를 받았는지 그 지혜로움을 상세하게 기록하고 있다.

곽해는 사마천과 동시대의 사람인데 비록 풍모도 보잘 것 없고 협객의 우두머리 노릇을 하였으나 널리 사람들이 그를 두려워하면서도 우러러마지 않았다. 거기에는 다 까닭이 있었다.

곽해의 조카(누이의 아들)가 있었는데, 그는 삼촌의 위세를 믿고 참으로 방자하게 놀았다. 한번은 한 남자를 억지로 술집으로 끌고 가서 우격다짐으로 술을 퍼먹였다. 그 남자는 홧김에 그만 곽해의 조카를 칼로 찔러 죽이고 말았다. 곽해의 누이가 어서 살인자를 찾아 처벌하라고 곽해를 부추기고 있는 사이에 그 남자는 도망쳐봤자 소용없다고 생각하여 스스로 곽해를 찾아와 자초지종을 말했다. 곽해는 "과연 나라고 해도 죽일 수밖에 없었겠군" 하며 그 남자를 놓아 주었다.

곽해가 행차할 때면 사람들은 모두 길을 비켰는데, 어느 날 한 남자가 길을 가로막고 서서 곽해를 노려보았다. 곽해가 부하를 시켜서 그 남자의 이름을 알아오게 하였더니, 부하가 "저 놈을 죽여 버릴까요?" 하였다. 그러자 곽해는 "내 고을 사람인 그가 나를 업신여기는 것은, 내게 덕이 없는 까닭이지 그가 나빠서가 아니야" 하고 타이르고는 그길로 조용히 병역 담당 관리를 찾아가 "아무개는 내게 소중한 사람이니 병역 교체시 명부에서 **빼줄 것**"을 정중하게 부탁하였다. 그 남자는 매번 징집 통지서가 날아오지 않자 이상하게 여겨 관리에게 물어 보았다. 그 연유가 곽해의 부탁 때문이라는 걸 알게 된 그 남자는 곽해에게 달려가 전날의 무례를 진심으로 사과하였다.

어떤 사람이 낙양에서 남의 원한을 사서 곤란한 처지에 빠졌다. 낙양의 유력자가 몇 명이나 중재에 나섰지만 상대에게 도무지 씨가 먹히지 않았다. 그 사람은 최후의 방법으로 곽해에게 도움을 요청하였다. 곽해가 한밤중에 은밀히 상대를 찾아가 진술하게 설득하자 마음을 돌려 일이 잘 마무리되었다. 일이 이쯤 되면 우쭐대며 자기를 자랑할 만도 하건만 곽해는 그와는 정반대로 처신했다. "이번 문제는 당대의 쟁쟁한 유력자들이 중재에 나섰어도 해결되지 않았다고 들었는데, 미천한 제가 그들을 제치고 중재에 나서 문제를 해결했다고 하면 의리에 맞지 않기도 하려니와 그 유력자들의 체면이 땅에 떨어질 것입니다. 그러니 저의 중재는 거절한 것으로 하시고 다시 다른 유력자를 중간에 세워 타협한 것으로 해주시기 바랍니다." 과연 절묘하고도 명철한 배려가 아닐 수 없다. 물론 겸손의 미덕이 몸에 밴 탓도 있겠지만 사람의 마음을 사로잡는 지혜, 나아가 명철보신明哲保身의 지혜를 터득한 때문이기도 할 것이다.

참으로 뛰어난 재주나 훌륭한 업적은 주머니 속의 송곳과 같아서 아무리 감추려 들어도 드러나게 마련이다. 그런데 굳이 스스로 그것을 드러내려 하여 빈축을 살 것은 뭐란 말인가(물론 요즘 취업전쟁이나 비즈니스 상의 PR은 별개의 문제다). 재주만 높고 어리석은 자는 늘 자기 무덤을 자기가 파는 법이다.

예수도 "누구든지 자기를 높이는 자는 낮아지고 자기를 낮추는 자는 높아지리라"(마태복음)고 하셨는데, 예나 지금이나 진리는 하나로 통하는 모양이다. 누구든지 이 말씀을 가슴에 고이 새겨, 매사를 사리분별에 따라 공명정대하게 처리하고 다른 사람들을 존중하며 공명심功名心을 죽이고 겸손의 큰 덕을 베풀 일이다.

■ ■ ■ ■ Review Focus

자신의 공을 다른 사람의 노고로 돌리는 겸손의 덕을 베풀면 그 공이 몇 배로 다시 돌아올 뿐 아니라 널리 신망을 얻게 된다.

■ ■ ■ diagnosis Clinic

■ 다음 항목을 읽고 내게 해당하는 답의 점수를 적어 넣으십시오.

항상 그렇다	자주 그렇다	반반이다	가끔 그렇다	전혀 그렇지 않다
0점	5점	10점	15점	20점

1. 늘 거창한 계획만 세우고 작은 것 하나도 실천하지 못한다.   (점)
2. 잡다한 일정이나 과도한 오락에 빠져 자기계발을 하지 못한다.   (점)
3. 눈앞의 업무나 일상에 쫓겨 인생 전체를 조망할 겨를이 없다.   (점)
4. 취미도 열정도 없이 TV에 갇혀 무기력한 여가를 보낸다.   (점)
5. 매사에 겸손할 줄 모르고 작은 재주를 뽐내느라 바쁘다.   (점)

■ ■ 결과에 따른 진단

　0～ 25점 : 직업인으로서 기본이 전혀 없으니 처음부터 다시 시작하라.
　25～ 50점 : 직업인으로서 가능성이 엿보이므로 실망하지 말고 노력하라.
　50～ 75점 : 직업인으로서 유능한 편이지만 자만하지 말고 더욱 분발하라.
　75～100점 : 직업인으로서 아주 탁월한 면모를 보이고 있으므로 한결같아라.

■ ■ ■ 고쳐야 할 점 적어보기

잠깐 생각하고 가기

상사 VS 부하직원, 가장 열 받을 때는?

● 상사가 부하직원으로 인해 스트레스를 받는 3대 이유
  1. 업무를 차일피일 미루고 미적거릴 때(30%)
  2. 지시한 업무의 중요성이나 내용을 잘 모를 때(25%)
  3. 업무 지시를 받고 뒤에서 투덜거릴 때(17%)

● 부하직원이 상사로 인해 스트레스를 받는 3대 이유
  1. 업무 지시사항을 수시로 자주 바꿀 때(32%)
  2. 목표치를 무조건 달성하라고 다그칠 때(27%)
  3. 자신의 업무 스타일만을 강요할 때(14%)

서로 위 3가지만 조심하면 스트레스 받을 일은 별로 없겠군요.

삶의 방식에 관하여

이런 사원은 사표를 써라

매사를 무조건 안 되는 쪽으로만 생각하고, 책임을 회피하기에 급급하여 남만 탓하며, 눈앞의 잇속만 챙기느라 바쁜 **바로 그런 사원은 사표를 써라!**

남의 아픔을 자신의 이익으로 삼지 않는 덕을
지닌 사람은 또한 공사公私를 분별하여 일을 처리하는 데도 누구보다 엄정하다. 공사의 분별이 흐트러지면 반드시 억울하게 아픔을 당하는 사람들이 생긴다는 사실을 알기 때문이다. 직장인들은 한결같이 "업무에 있어서는 능력이 출중하고 추상같으면서도 한편으로는 부하직원들을 먼저 배려하고 따뜻하게 감쌀 줄 아는 인간미가 넘치는 사람"을 가장 존경하는 상사로 꼽는다. 반대로, 상사라고 해서 그런 부하직원들을 어찌 사랑하고 믿지 않겠는가.

29 매사에 부정적으로 반응하고 다른 사람만 탓한다

> 머릿속에서는 모든 상황이 훨씬 위험하게 생각되게 마련이다.
>
> _ 브라우니

세상을 바꾼 혁명이나 탁월한 업적은 다수의 지지를 받아 일어난 것이 아니다. 대개는 "불가능하다"거나 "무모하다"는 다수의 만류와 비웃음을 뿌리치고 이루어졌다. 그것을 이룬 당사자들은 한결같이 긍정적인 사고로 일관했고 "가능하다"는 믿음을 한시도 저버리지 않았다. 에디슨도 전등을 만들어내기까지 수천 번의 실패를 거듭했지만 그는 그것을 한번도 실패라고 생각해본 적이 없었다. 다만, 성공을 위해 거쳐야 할 당연한 과정일 뿐이라고 여겼다.

그런데 매사에 부정적인 말부터 꺼내고 부정적으로 반응하는 사람들이 너무 많다. 무슨 일을 하자고 의견을 구하면 "그건 이래서 가능성이 없겠는데요" "요즘 누가 그런 데 관심이 있을까요?" "우리 상황으로는 너무 무립니다" "생각은 좋지만 누가 그걸 합니까?" "저는 다른 일이 바빠서 안 되겠는데요" "그 사람 보나마나 뻔해요. 못한다고 할 걸요" "글쎄요, 이론상으로는 가능하겠지만 현실적으로 도저히 불가능할 것 같은데요" 등 온통 부정적인 반응으로 사람을 맥 빠지게 만든다. 이런 분위기에서 무슨 일인들 제대로 진행되고 발전이 있을 것인가.

무슨 일을 시키면 "시키니까 하긴 하는데요. 저는 책임 못 집니다" 하고 대답한다면 누가 그와 더불어 일을 도모할 생각이 들겠는가. 이런 사람들은 자기가 처한 현실에서 한 발짝도 더 나갈 수 없다. 정말이지 아무것도 못하는 식물인간에 다름 아니다. 그런 사람일수록 무슨 일이 잘못되면 변명만 일삼기에 바쁘고 그 탓을 남에게 돌린다.

만약 위의 부정적인 반응을 이렇게 바꿔보면 어떨까 — "제가 보기에도 가능성은 충분합니다. 다만 이런 점은 신중하게 고려할 필요가 있을 것입니다" "그렇잖아도 사람들이 요즘 유행하는 트렌드에 싫증을 낼 때가 되었는데, 그렇게 역발상으로 치고 들어가는 것이 의외의 호응을 이끌어낼 수 있을 것으로 보입니다" "비록 상황이 어렵긴 하지만 지혜를 모으면 우리 힘으로도 얼마든지 해낼 수 있을 것입니다" "적임자를 한번 찾아보겠습니다" "다른 일이 바쁘긴 하지만 업무 조정만 되면 제가 해보겠습니다" "물론 까다로운 사람이긴 하지만 제가 직접 만나 성심껏 설득하면 승낙할 것입니다." "일단 그와 관련하여 더 조사해보고 가능한 방법을 찾아내겠습니다." "이런 문제만 해결해 주시면 제가 책임지고 해보겠습니다."

우리는 정확한 시세 판단에 따른 충고와 자신의 게으름이나 두려움에 따른 부정적인 반응은 구분할 줄 알아야 한다. 정말 이건 아니라고 판단될 때 "아니오"라고 말할 수 있는 용기와 매사에 무조건 "아니오"라고 말하는 '버릇'은 구분할 줄 알아야 한다.

세계적인 벤처 기업가 앤드류 우드는 『지금 나에겐 못할 것이 없다』라는 책에서 "승자의 자세가 승리를 가져온다"고 통찰하면서 다음과 같은 얘기를 전한다.

한 소년이 샌프란시스코 만의 언덕에 서서 인부들이 작업하는 모습을 물끄러미 바라보고 있었다. 호기심을 이기지 못한 그 소년은 커다란 쇠기둥을 용접하고 있는 세 사람의 인부에게 다가갔다. 첫 번째 용접공에게 "지금 무엇을 하고 계세요?" 하고 묻자 그는 퉁명스럽게 "보면 모르겠냐. 먹고 살기 위해 이 짓을 하고 있지" 하고 대답했다. 두 번째 용접공에게 같은 질문을 하자 그는 귀찮다는 듯이 "쇳조각을 용접하는 중이잖니" 하고 대답했다. 소년은 다시 세 번째 용접공에게 다가갔다. 소년을 본 그는 일하다 말고 고개를 들어 환한 미소를 보냈다. 소년이 같은 질문을 하자 그는 "나는 지금 세상에서 가장 멋진 다리를 만들고 있단다" 하고 말했다. 그 대답을 들은 소년은 얼굴에 환한 미소를 지으며 집으로 돌아갔다.

같은 일을 하면서도 사람들은 왜 이렇게 다를까? 바로 생각의 차이다. 그 생각의 차이 때문에 전혀 다른 인생을 사는 것이다. 내가 만일 매사에 부정적인 생각만 한다면 내 평생 좋은 일은 한 번도 일어나지 않을 것이다. 나는 단 한 번도 일을 통해 성취감을 맛보지 못할 것이다. 결국 나는 단 하루도 행복하지 못할 것이다.

모든 것은 내 할 탓이다. "바보들은 항상 결심만 한다"고 했지만 내 생각에 "정말 바보들은 항상 안 된다고만 한다."

아무리 생활이 고단하고 일에 치여 살더라도 마음의 미소를 잃지 마라. 먼저 긍정적으로 생각하고 말하고 행동하는 탐험가의 여유를 잃지 마라. 어떤 잘못이든 솔직하게 고백하고 무슨 일이든 내가 먼저 책임지는 용기를 잃지 마라. 그러면 세상이 모두 당신 것이 되고 날마다 행복해질 것이다.

■ ■ ■ ■ **Review** Focus

정말 이건 아니라고 판단될 때 "아니오"라고 말할 수 있는 용기와 매사에 무조건 "아니오"라고 말하는 '버릇'은 구분할 줄 알아야 한다.

30 편한 것만 찾고 우물 안에 갇혀 세상 넓은 줄 모른다

> 기다리기만 한 사람에게 돌아가는 몫은
> 앞서 간 사람들이 버린 것뿐이다.
>
> _ 링컨

"중요한 일을 하라" "핵심에서 놀아라" "주도적으로 일하라" "끊임없이 변화하라" "식견을 넓혀라"와 같은 금언은 귀에 못이 박히도록 들어왔을 터이다. 그리고 대개는 공감했을 터이다. 그러나 중요한 것은 자기 삶 속에서 얼마나 구체적으로 적용하고 실천했는가이다.

사람들은 대개 본능적으로 좀더 편하면서도 좀더 손쉽게 빛날 수 있는 일만 찾게 마련이다. 현재 내게 갖춰져 있는 역량 안에서 편하게 감당할 수 있는 일만 맡으려 한다. 물론 그렇게 되면 노력은 덜 들고 스트레스는 덜 받아서 좋기는 하겠다. 그렇다면 당신이 그렇게 10년을 보낸 뒤의 당신 자신을 상상해 보라. 당신의 식견이나 역량이 10년 후에도 지금과 전혀 다를 게 없다면, 아니 더욱 퇴보해 있다면(급변하는 환경은 끊임없는 자기혁신을 요구하고 있으므로, 무사안일만 추구한 사람이라면 분명 퇴보해 있을 것이다) 과연 당신이 설 자리가 있겠는가. 물론 눈치나 요령은 늘었을 것이지만 핵심 역량이나 안목을 키우지 못한데다가 업적이 없는 당신은 10년이 되기도 전에 그 자리를 박탈당할 게 뻔하다. 그래도 좋다면 계속 편한 일만 찾고 생색내기 좋은 일만 찾아서 적당히 처리해도 무방하다.

일을 할 때는 "주도적으로 핵심을 찾아서 하라"는 말은 아무리 강조해도 지나치지 않을 것이다. 당연히 편한 것이나 생색내기 좋은 것만 찾아서는 그렇게 일할 수 없다. 또 책임을 회피하고서는(책임감이 없고서는) 그런 업무 방식을 감당할 수 없다. 남들이 보기에 아무리 하찮은 일을 할지언정 발상의 전환이나 열정으로 그 일을 얼마든지 중요한 일로 만들 수 있다. 우리는 앞에서 사례로 든, 백화점 입사 시험에 수석으로 합격하고도 3년간 엘리베이터 안내원을 자청한 프랭크, 우편배달 일을 예술의 경지로 승화시킨 프레드로부터 그 의미를 배울 수 있다. 따라서 우리는 기존에 나 자신이나 다른 사람들이 습관처럼 당연하게 여겨왔던 방식이나 가치관을 끊임없이 의심해볼 필요가 있다. 바로 그 의심으로부터 새로운 가치가 우러나온다. 이런 발상의 전환이나 혁신적인 통찰은 어느 날 갑자기 우연히 나오는 것이 아니다. 흔한 말로 '내공'이 있어야 한다. 그 내공은 탁월한 식견으로부터 나온다. 한마디로 우물 안의 개구리로 갇혀 있어서는 불가능하다.

어떤 시계 기술자의 꿈은 세계 최고의 스위스 시계를 능가하는 시계 부속품을 만드는 것이었다. 그는 마침내 머리카락보다 더 가는 태엽을 만들어냈다. 지금까지 만들어진 어느 태엽보다 가늘고 튼튼하며 정밀한 태엽이라고 믿어 의심치 않은 그는 들뜬 나머지 최고를 자랑하는 스위스 시계 회사에 보내 자랑하고 싶어졌다. 그래서 태엽을 상자에 넣고 "최고의 솜씨로 만든 최고의 제품"이라는 메모까지 덧붙여 곱게 포장한 다음 스위스로 보냈다. 놀라 자빠질 스위스 기술자들을 상상하며 흐뭇해하고 있던 며칠 뒤 소포 하나가 배달되었다. 포장을 뜯어보니 자기가 보냈던 태엽과 함께 아주 작은 보석 감정에나 쓰는 돋보기가 들어 있었다. 그는 돋보기로 태엽을 살펴보다가 자지러지는 줄 알았다. 머리카락보다 가는 그 태엽에는 스위스 기술자들이 뚫어놓은 여러 개의 구멍이 있었다.

이 시계 기술자의 노력은 참으로 가상하지만 우물 안에 갇혀 세상 넓은 줄 모른 탓에 헛수고만 한 셈이다. 요즘 세상은 눈이 핑핑 돌도록 하도 빠르게 변하고 있어 무조건 열심히 노력만 한다고 될 일이 아니다. 만약 이 시계 기술자가 태엽 연구에 들어가면서 그에 관한 기술이 현재 어떤 수준에 와 있는지 미리 살폈다면 그런 헛수고는 면했을 것이다.

그렇다면 당신은 식견을 쌓기 위해 구체적으로 어떤 노력을 하고 있는가. 그 분야의 대가들을 몇 명이나 만나 보았는가. 그와 관련된 수준 높은 정보를 얼마나 접하고 있는가. 그에 따른 문제를 푸느라 얼마나 많은 밤을 새워가며 궁리했으며, 얼마나 많은 발품을 팔았는가. 한마디로 거기에 얼마나 미쳐 보았는가.

『꽃으로 보는 한국문화』를 집필한 이상희 씨는 그런 점에서 배울 만하다. 10여 년에 걸쳐 씌어진 이 책에는 1000컷에 이르는 관련 사진이 들어가 있다. 그는 이 책을 집필하면서 혹시 자신이 미처 모르는 정보나 자료가 있을까 저어하여 10년 동안 한·중·일에 흩어져 있는 거의 모든 문헌을 뒤졌으며, 숱한 대가들을 찾아 조언을 구했다. 단지 원하는 사진 한 장을 구하기 위해 일본을 수차례나 드나들었을 정도로 여기에 신명神命을 바쳤다. 아무리 권위를 자랑하는 전문가의 의견이나 문헌의 기록도 그대로 따르지 아니하고 철저한 검증을 거치고 나서야 집필에 반영하였다.

내가 어떤 인생을 원하는가에 따라 내가 무엇을 어떻게 해야 할지는 그 답이 분명히 나와 있다. 문제는 실천이다.

■ ■ ■ ■ Review Focus

사람들이 습관처럼 당연하게 여겨왔던 방식이나 가치관을 끊임없이 의심해볼 필요가 있다. 바로 그 의심으로부터 새로운 가치가 우러나온다.

31 재물이나 출세에 눈이 멀어
다른 사람의 아픔을 외면한다

욕심이 잉태한즉 죄를 낳고
죄가 장성한즉 사망을 낳느니라.

_「신약성경 · 야고보서」

아무리 많은 재물이나 높은 권력을 쌓아도 덕을 바탕으로 삼지 않으면 사상누각沙上樓閣이다. 더구나 다른 사람을 해하는 악행으로 바탕을 삼은 것이라면 그 재물이나 권력이 마침내는 자신을 해치게 된다. 역사적으로 무수한 사례들이 이를 증명하고 있다. 권력자들에게 핍박받아온 백성들의 봉기가 있을 때마다 백성들의 고혈을 쥐어짜온 탐관오리나 토호들이 맨 먼저 응징을 받았다. 왕이라고 해서 예외는 아니었다. 덕을 잃고 백성들의 원성을 산 나머지 비명횡사한 왕들이 그 몇이던가.

'경주 최부자집'이 수백 년(12대) 동안 만 석의 거부巨富를 유지하면서 존경받아온 비결도 오직 덕을 바탕으로 부를 창출하고 베풀어온 데 있다. 이 집안의 가훈 가운데 "과거를 보되, 진사 벼슬을 넘지 말 것(권력에 유착하지 말 것), 재산은 만 석 이상 지니지 말 것(탐욕을 절제할 것), 흉년에는 땅을 사지 말 것(남의 불행을 나의 이익으로 삼지 말 것), 사방 백 리 안에 굶어죽는 사람이 없게 할 것(인정人情 앞에서는 재물을 가벼이 여길 것)" 등은 오늘을 사는 우리에게도 가슴을 치는 교훈이 아닐 수 없다.

기업의 일도 마찬가지다. 다른 사람의 아픔을 엉덩이에 깔고 출세하거나 치부한 인간들 치고 그 종말이 아름다운 경우는 일찍이 없었다. 이른바 '인재'도 다름 아니다. 능력이 출중하고 당장 써먹을 데가 많은 사람은 어느 선까지는 중용하여 부려먹는다. 그러나 그 사람에게 인정이나 의리를 가장 중히 여길 줄 아는 덕(측은지심 惻隱之心)이 없으면 그를 결코 신뢰하지는 않는다. 신뢰하지 못하면 누구든 그를 자기 대신으로 삼지는 않는다. 한마디로 크게 쓰지는 않는다는 말이다. 다른 사람의 아픔 따위는 아랑곳하지 않고 오로지 출세나 재물만 탐하는 냉혹한 심성이 엿보이면 상사인 자신까지 다칠 것을 두려워하여 그를 경계하고 마침내는 내쳐야겠다는 결심을 하게 된다. 인의仁義를 중시하는 상사는 그 인의를 지키기 위해 그에 반하는 사람을 경계하고, 야심으로 똘똘 뭉친 냉혹한 상사는 그가 자기를 밟고 넘어서는 것을 두려워하여 그런 사람은 경계하게 마련이다. 또 그 밑에서 일하는 후배들은 그가 자기를 이용만 하고 버릴 것을 알기 때문에 진심으로 그를 따르지 않는다.

드라마 「불멸의 이순신」에서 유성룡의 일갈이 가슴을 치는 장면이 나온다. 북병사 이일은 서인西人 사람이고, 이일의 휘하 녹둔도 만호 이순신은 서인들이 눈엣가시처럼 여기는 유성룡과 절친한 사이다. 이순신의 군대가 야인들과의 녹둔도 전투에서 중과부적衆寡不敵으로 대패한 일이 있는데, 이순신의 사전 지원 요청을 이일이 묵살한 사실이 나중에 밝혀져 선조의 노여움을 산 서인들은 일대 타격을 입는다. 그날 술집에 모여 앉은 동인東人들은 "마침내 임금의 어심御心이 우리에게 돌아왔다"고 희희낙락하며 "그때 녹둔도 전투에서 이순신이 대패한 것이 오히려 잘 되었다"는 망발을 서슴지 않았다. 바로 그 순간, 내내 잠자코 앉아 있던 유성룡이 술상을 뒤엎고 서릿발 같은 일갈을 내지르면서 문을 박차고 나갔다.

"무수한 우리 군사들과 백성들이 몰살당한 일이 오히려 잘되었다니요? 정치란 백성을 근본으로 하는 것인데, 백성을 희생양으로 삼아 취한 권력이 뭐란 말이요? 그대들이 의논하는 정치가 고작 그런 것이라면 나는 그대들과 한 자리에 있을 수 없소이다."

『한비자韓非子』에는 인정을 중히 여기고 그것을 알아주는 사람들의 이야기가 전한다.

노나라 대부 맹손은 사냥터에서 사로잡은 새끼사슴을 비서로 일하는 진서파에게 주어 집으로 가져가게 했다. 어미사슴이 슬피 울며 수레를 따라오는 것을 본 진서파는 차마 외면할 수 없어 새끼사슴을 어미 품으로 보내 주었다. 나중에 이 사실을 전해들은 맹손은 크게 노하여 진서파를 해고하였다. 그러다가 자식에게 선생이 필요한 때에 이르러 맹손은 손수 시골까지 진서파를 찾아가 자식의 선생이 되어 줄 것을 간곡히 청했다.

마부가 맹손에게 "전에 처벌하신 사람을 다시 불러들여 아드님을 지키도록 하신 뜻은 어디에 있습니까?" 하고 묻자 맹손은 "비록 미물일지라도 새끼를 잃은 어미사슴의 슬픔을 헤아릴 줄 아는 심성이라면 하물며 사람 자식은 얼마나 귀하게 다루겠는가? 아비를 대신하여 자식을 맡기기에 그보다 적임자가 다시 있을 것인가?" 하였다.

남의 아픔을 자신의 이익으로 삼지 않는 덕을 지닌 사람은 또한 공사公私를 분별하여 일을 처리하는 데도 누구보다 엄정하다. 공사의 분별이 흐트러지면 반드시 억울하게 아픔을 당하는 사람들이 생긴다는 사실을 알기 때문이다. 직장인들은 한결같이 "업무에 있어서는 능력이 출중하고 추상같으면서도 한편으로는 부하직원들을 먼저 배려하고 따뜻하게 감쌀 줄 아는 인간미가 넘치는 사람"을 가장 존경하는 상사로 꼽는다. 반대로, 상사라고 해서 그런 부하직원들을 어찌 사랑하고 믿지 않겠는가.

■ ■ ■ Review Focus

남의 아픔을 자신의 이익으로 삼지 않는 덕을 지닌 사람은 또한 공사公私를 구별하여 일을 처리하는 데도 누구보다 엄정하다.

32 무리하거나 부당한 청탁을 하고도, 거절당하면 욕을 퍼붓는다

진실로 자기 감정을 조종할 수 있는 사람만이 승리의 길로 가는 것이다.

_ 타이거 우즈

사람들은 흔히 부탁을 거절당하면 '나의 부덕'을 탓하지 않고 부탁을 거절한 사람만 비난한다. 그나마 무리하거나 부당한 부탁이 아니라면(상대가 조금만 마음을 쓰면 들어줄 수 있는 가벼운 부탁이라면) 서운해 하는 그 심정이 이해는 간다. 그러나 무리하거나 부당한 부탁을 일삼으면서도 거절당하면, 상대의 입장은 조금도 고려하지 않고 악담을 퍼붓는 데 이르면 아연실색하지 않을 수 없다.

우리 사회는 여전히 정정당당한 승부가 발을 붙이기 힘든 환경이다. 나 홀로 깨끗한 사람은 바보가 되기 십상이고 구정물 속에 함께 빠져 희희낙락하는 무리들은 승승장구한다. 독립적인 개인의 능력보다는 배경이 더 힘을 발휘하고 정도正道보다는 편법과 술수가 더 편리한 삶의 도구로 작용한다(그나마 치열한 경쟁 속에서 성과를 먹고 사는 기업에서는 능력이 대접받고 있어 다행이다). 진실은 소수로 전락하여 다수의 거짓에 핍박당하고 정치인들과 언론은 '국민의 이름'으로 '그들만의 정의'를 당당하게 유포한다. 종종 우리 사회는 진실과 정직 대신 거짓과 위선에 의지하여 굴러가고 있는 듯한 착각이 든다(제발 착각으로 끝나길 바랄 뿐이다).

많은 사람들은 어떤 벽에 부딪히면 스스로 그 문제를 해결하려 하지 않고 으레 연줄을 찾아 의지하려 한다. 입사 시험, 진급 심사나 인사 발령, 공사 발주, 하다못해 공사장의 식당 하나까지도 얽히고설킨 연줄이 작용한다. 음주운전 사고, 경제사기, 사소한 폭력을 저지른 자는 물론이고 심지어 선량한 사람을 죽이고 재물을 강탈한 살인강도까지도 혹시 권력기관에 아는 사람이 없나 사돈네 팔촌까지 족보를 뒤지고 동문회 명부를 뒤진다. 어느 누구도 자신의 문제를 스스로 해결하려 들지 않고 자신의 죄과를 기꺼이 치르려 하지 않는다. 그야말로 의타심이 극에 다다른 치정癡情의 사회다. 수년 전, 검사로 있던 내 후배 하나가 이런 얘기를 들려주었다.

어느 날 밤에 한참 자고 있는데 전화벨이 울렸다. 밤 12시가 넘은 시각이었다. 짜증을 내며 수화기를 들었다. 고등학교 체육 선생으로 근무하는 동창 녀석이었다.

"박 검사, 나 지금 파출소에 있어. 잘못되면 구속될지도 모르는데 지금 파출소로 좀 와줘야겠어."

순간 나는 화가 치밀었다. 몇 년 동안 전화 한 통화도 없던 녀석이 한밤중에 남의 단잠을 깨워놓고 하는 수작이 너무 한심했다. 나는 애써 숨을 고르며 물었다.

"무슨 일인데… 사실대로 말해봐. 억울하게 붙들려온 거야."

"사실은 술 먹다가 옆 테이블에 있는 사람들과 시비가 붙어 싸움이 났어. 그래서 몇 사람 다치고 이집 유리창이 깨졌는데 주인이 경찰에 신고했나봐."

"그래, 자네가 때린 거야? 맞은 거야?"

"야, 그래도 내가 운동깨나 한 놈인데 얻어맞겠냐?"

순간 나는 애써 참았던 분통을 터뜨리고 말았다.

"야, 임마! 술은 입으로 처먹어야지 주먹으로 처먹냐? 운동깨나 했다니까 어디 내친김에 파출소도 두들겨 부수고 나올 것이지 어디다 전화질이야. 잘못했으면 당연히 대가를 치러야지, 무슨 심보로 '빽'을 들이밀 생각을 한 거야? 너 임마, 다시는 이런 일로 전화하지 마!"

결국 돈을 주고 합의를 본 녀석은 그 후로 "의리도 없는 인간"이라며 날 열심히 씹고 다녔다.

왜 내 후배는 졸지에 "의리 없는 인간"이 되고 말았을까? 후배는 한 번도 그 동창에게 신세를 지거나 잘못한 일도 없다. 무슨 의리 운운할 사이도 아니다. 그리고 그 동창 녀석은 분명히 잘못을 저질렀다. 억울한 일을 당했다면 힘껏 도왔겠지만 잘못한 녀석을 잘못이 없는 것으로 할 수 있는 힘이 말단 검사에게 어디 있겠는가? 설령 그럴 힘이 있다 해도 그렇게 되면 피해자의 억울함은 누가 풀어줄 것인가? 결국 힘없는 놈만 당하면서 살란 얘긴가? 하필 그런 자식이 선생이라니, 애들한테 뭘 가르칠지 염려되었다.

이처럼 의타심이 배반당하면 멀쩡한 사람을 원망하게 된다. 자기 문제는 스스로 해결하고 자기가 저지른 행동은 스스로 책임질 줄 알아야 한다. 자신을 구하는 것도 결국 자기 자신밖에 없으며 자기를 망치는 것도 자기 자신이다. 그런데 사람들은 스스로 자기를 망치는 칼을 휘두르다가 위기에 빠지면 다른 사람들에게 살려 달라고 아우성을 친다. 그리고 거절당하면 그들이 자기를 망쳤다고 저주하고 원망한다.

■ ■ ■ ■ **Review** Focus

자기 문제는 스스로 해결하고 책임질 줄 알아야 한다. 자신을 구하는 것도 결국 자기 자신밖에 없으며 자기를 망치는 것도 자기 자신이다.

33 자기 말만 늘어놓고 다른 사람 말은 들으려 하지 않는다

> 설득시키는 것은 사람의 말이 아니라 말하는 사람의 인품이다.
>
> _ 메난드로스

 귀는 굳게 닫혀 있고 입만 열려 있는 곳에는 늘 다툼이 일게 마련이다. 먼저 상대방을 이해하기보다는 나를 이해시키려는 아우성 때문에 늘 시끄럽다. 상대방이 아무리 열심히 떠들어도 어서 자기 말을 하고 싶은 욕심이 앞서 한마디도 귀에 들어오지 않는다.
 부서의 회식자리 같은 술자리에서는 내내 자기 말만 지껄여대는 사람이 한둘 있게 마련이다. 그 사람의 장광설이 만리장성을 쌓아가고 있는 사이, 사람들은 각자 자기 앞 사람이나 옆 사람과 소곤거린다. 아무도 듣는 사람이 없는데도 그는 여전히 침을 튀겨 가며 떠들고 있다. "저 인간, 또 시작"이라고 눈을 흘기던 편잔도 이제는 사라졌다. 다들 포기한 것이다. 늘 자기 말만 길게 늘어놓는 인간 치고 새롭거나 영양가 있는 이야기를 하는 경우는 드물다. 대개는 자기 자랑 아니면 남 험담이 자리마다 반복되게 마련인데, 정말 생각만 해도 끔찍하다. 종종 여기저기서 주워들은 '개똥철학'이 난무하기도 하는데, 그래도 그런 건 참고 들어줄 만하다.

말을 많이 하는 것과 말을 잘 하는 것은 전혀 다르다. 말을 많이 하는 사람이야말로 말을 가장 못하는 사람이다. 말을 가장 잘 하는 비결은 '상대방의 말을 가장 잘 들어주는 것'이기 때문이다. 정신과 의사들도 치료의 가장 중요한 수단으로 '환자의 얘기를 충분히 들어주는 것'을 든다. 사람들은 본능적으로 상대방이 자기 얘기에 귀를 기울여 주기를 바란다. 또 그런 사람을 좋아하고 신뢰한다. 그래서 "말 많은 놈 치고 믿을 놈 없다"고들 하는가보다.

특히 대개의 상사들은 말 많은 부하직원을 끔찍하게 싫어한다. 게다가 상사의 얘기는 귓등으로 들으면서 변명만 많은 부하직원은 정말이지 패죽이고 싶도록 미워진다. 그래서 "말이나 못하면 밉지나 않지"라고들 하나보다.

시몬 수사는 우리 모두에게 각자의 경력과 피정避靜에 참여한 이유를 간략하게 소개하도록 했다. … 내 앞 순서에서는 킴이라는 여성이 자신에 대한 이야기를 시작했지만 나는 그녀의 얘기를 듣고 있을 수 없었다. 내 차례가 되었을 때 무슨 이야기를 할 것인지 생각하느라 정신이 없었기 때문이었다.

그녀의 순서가 끝났을 때 시몬 수사는 내게 이렇게 물었다. "존, 당신의 얘기를 시작하기 전에 킴이 왜 피정에 참여하게 되었는지 요약해서 대답해 주시겠습니까?"

순간 나는 그 질문에 당황하여 피가 거꾸로 솟는 듯했다. 이 상황을 어떻게 모면할 것인가? 사실 나는 킴의 소개 내용을 한마디도 듣지 못했다.

"부끄럽지만 킴이 한 말을 제대로 듣지 못했습니다." 나는 더듬거리며 고개를 떨구었다. "미안합니다, 킴."

"솔직하게 말씀해 주셔서 고맙습니다, 존." 수사가 말했다. "경청하는 태도는 리더가 반드시 계발해야 할 중요한 기술입니다. 이번 주 우리는 이를 주제로 많은 이야기를 나누게 될 것입니다."

제임스 C. 헌터가 쓴 『서번트 리더십』에 나오는 한 장면이다. 누구나 한번쯤 경험했음직한 상황이다. 사실 다른 사람의 얘기를 잘 듣고 정확하게 이해해야 나 또한 정확하게 반응할 수 있다.

나는 TV 심야 토론 방송을 즐겨 보는 편인데 그때마다 참을 수 없는 짜증이 솟구친다. 이건 '토론'도 아니다. 토론이 이루어지려면 일단 상대방의 말을 경청해야 하는데, 상대방의 말을 들어주려는 사람은 아무도 없다. 심지어는 비웃기까지 한다(나는 그 비웃음을 그 사람이 흘리는 입술 근육의 미세한 움직임에서 어렵잖게 포착한다). 팔짱을 끼고 아예 딴청을 부리는 인간도 있다. 그러니 서로들 100분 동안 자기 얘기만 앵무새처럼 반복하다가 끝난다. 그렇게 반복하는 얘기가 지겹지도 않은지 다들 몇 초라도 더 떠들려고 말꼬리를 붙들고 늘어진다. 사회자는 그걸 말리느라 진땀을 뺀다. 의견을 주고받으며 해답을 찾아가는 토론장이 아니라 오로지 나만 옳고 너는 그르니까 내 말에 항복하라고 옥박지르는 '전쟁터'를 방불케 한다.

혹시 내가 그런 사람은 아닌지 늘 경계하고 돌아볼 일이다. 대개 말 많은 인간 치고 다른 사람이 말 많은 것을 좋아하는 인간은 없다. 비록 말없이 나의 장황하게 되풀이되는 말을 듣고 앉아 있는 사람이라도 내 말이 마냥 즐거워서 그렇게 듣고 있는 것이 아니다. 사실은 초인적인 인내심을 발휘하고 있는 것이다. 제발 착각하지 마라. 어디서든 환영받는 사람이 되려거든, 진정으로 배우고자 하거든 먼저 다른 사람의 얘기에 귀를 기울여라. 말은 귀로 듣는 것이 아니라 마음으로 듣는 것이다. 그래야 상대방도 내 말을 마음으로 들어준다. 그러고서야 비로소 말이 아니라 "마음을 나눈다"고 하는 것이다.

■ ■ ■ ■ **Review** Focus

말은 귀로 듣는 것이 아니라 마음으로 듣는 것이다. 그래야 상대방도 내 말을 마음으로 들어준다. 그러고서야 비로소 말이 아니라 "마음을 나눈다"고 하는 것이다.

34 눈앞의 잇속만 챙기려다 오히려 자신을 위험에 빠뜨린다

> 진정으로 자유롭고자 한다면 소유가 아니라 행위나 존재를 삶의 기준으로 삼아라.
>
> _ 윌리엄 제임스

지혜는 탐욕을 다스리는 데서 비롯한다. 탐욕에 눈이 멀어 있으면 결코 지혜로울 수 없다. 세상에 탐욕스럽고도 지혜로운 인간은 없다. 지혜로운 사람은 탐욕을 버림으로써 자신을 위기에서 구하지만 어리석은 사람은 탐욕 때문에 자신을 위기에 빠뜨린다. "남의 손에 든 떡이 더 커 보인다"라든지 "99마지기 논을 가진 자가 1마지기 가진 사람의 논을 빼앗아 100마지기를 채우려 한다"는 속담은 탐욕을 경계하는 말이다. 사람 사이의 원한이나 비극은 바로 눈앞의 잇속만 챙기려는 사리사욕에서 비롯한다.

19세기 전반기, 당대의 인삼 상권을 한손에 쥐고 흔들었던 '인삼왕' 임상옥林尚沃은 '큰 장사꾼'으로 칭송받았다. 당시 조선 제일의 거부로 불릴 만큼 이재理財에 밝고 장사 수완이 뛰어난 그였지만 한번도 재물 때문에 인심을 잃거나 원한을 사는 일이 없었다. 그는 오히려 그 재물에 얽매임이 없어 사람들의 마음을 사고 우러름을 받았다. "재물을 재산으로 삼지 말고 사람을 재산으로 삼으라"는 스승의 가르침을 받들어 탐욕이 지혜를 가리는 일이 없도록 평생 경계하고 삼간 덕분이었다.

그가 재물을 가벼이 여김으로써 자신을 위기에서 구한 일화가 있는데, 인생을 살아가는데 무엇이 정말 중요한지를 극적으로 보여주는 가르침이다.

당시 임상옥이 조선 제일의 부자라는 것은 조선 팔도에 모르는 사람이 없었다. 하루는 멀리서 낯선 손님이 찾아와 거두절미하고 대뜸 "5만 냥만 꿔달라"고 청하였다. 자신을 전라도 전주감영의 이방吏方으로 일하고 있는 사람이라고 소개했다.

임상옥은 찬찬히 그 자를 뜯어보았다. 초면에 꿔달라는 액수가 거액이기도 하려니와 그 돈을 마련하기 위해 전라도에서 의주까지 불원천리하고 걸어왔다는 사실에 기가 질렸다.

"전주에서 의주까지는 자그만치 2000리 길인데, 돈을 꾸러 예까지 오셨단 말이오?"

"5만 냥의 거금을 빌려줄 수 있는 사람이 조선 팔도에 임 상공 말고 또 누가 있겠습니까?"

"헌데 5만 냥이란 큰돈을 어디에 쓰려는 것이오?"

임상옥은 이방이란 자의 눈을 똑바로 쳐다보며 물었다.

"어쩌다가 전주감영의 공금을 5만 냥이나 축내어 죽게 되었으니, 임 상공께서 죽을 목숨 하나 살려주시오."

"그래요? 사정이 그러하시다니 빌려 드려야지요."

임상옥은 사서司書를 불러 그 사람에게 5만 냥짜리 어음 한 장을 끊어주도록 했다. 이방이란 자가 돌아가고 나서 사서가 자못 의아하고 억울하다는 표정으로 임상옥에게 물었다.

"어째서 정체도 불분명한 그런 자에게 대뜸 5만 냥씩이나 주셨습니까?"

"그 사람 얼굴에 지독한 살기가 감돌더군. 만약 내가 5만 냥을 선뜻 내놓지 않았다면 나도 죽고 그 사람도 죽었을 게야. 돈도 중하지만 목숨과 바꿀 수는 없는 노릇 아니겠는가. 5만 냥으로 두 목숨 살렸으니 너무 아까워할 것 없네. 서로 사는 길이 있는데 어찌 서로 죽는 길을 택할 것인가."

사서는 임상옥의 말을 듣고서도 믿기지가 않았다. 그래서 이방이란 자의 뒤를 밟아 그가 묵고 있는 주막에 사람을 보내 은밀히 의중을 떠보았다. 그런데 과연 그 자는 가슴에 칼을 품고 있었으며, 만약 임상옥이 청을 거절하면 그 자리에서 사생결단死生決斷을 내려고 했다는 것이다.

역시 임상옥의 안목은 남다른 데가 있었다. 절간의 화두話頭에

"달을 가르키는데 왜 달은 보지 않고 손가락만 보느냐?"는 책망 어린 통찰이 있다. 임상옥은 손가락(재물)만 보지 않고 달(사람)을 볼 줄 아는 혜안으로 자신을 위기에서 구할 수 있었던 것이다.

참으로 근본을 살펴 그 근본을 지켜가기 어려운 세상이다. 너무 돈, 돈, 하고 출세만 밝히는 즉물주의則物主義에 경도되어 무엇이 참으로 나를 이롭게 하고 나를 해롭게 하는 것인지를 살필 겨를이 없다. 이백李白이 노래했듯이 세상 만물에는 원래 주인이 없다. (「춘야연도리원서春夜宴桃李園序」에 "대저 천지란 만물이 머물렀다 가 쉬어 가는 여관과 같고, 시간이란 것은 백대를 오가는 나그네와 같은 것 夫天地者 萬物之逆旅 光陰者 百代之過客"이라는 구절이 나온다.) 다시 말해 '내 것'이란 없는 것이다. 내 것이라 여겨지는 그 어떤 것도 내게서 잠시 머물렀다 갈 뿐이다. 우리 인생도 세상이라는 '여관'에 잠시 머물다 시간이 되면 떠나야 하는 나그네일 뿐이다. 그런데 하물며 눈앞의 작은 잇속 따위에 눈이 멀어 나를 위태롭게 할 일이 뭐란 말인가. 누리는 만큼 소유하는 것이지 결코 소유한 만큼 누리는 것은 아니지 않는가.

■ ■ ■ Review Focus

세상에 원래 '내 것'이란 없다. 그저 내 곁에 잠시 머물렀다 갈 뿐이다.
그러므로 누리는 만큼 소유하는 것이지 결코 소유한 만큼 누리는 것은 아니다.

■ ■ ■ ■ diagnosis Clinic

■ 다음 항목을 읽고 내게 해당하는 답의 점수를 적어 넣으십시오.

항상 그렇다	자주 그렇다	반반이다	가끔 그렇다	전혀 그렇지 않다
0점	5점	10점	15점	20점

1. 매사에 부정적으로 반응하고 일이 잘못되면 남만 탓한다.　　(　　)점
2. 일을 가치 있게 하기보다는 편하게 하는 쪽으로만 머리를 쓴다.　(　　)점
3. 매사에 다른 사람이야 어찌 되든 내 이익만 앞세운다.　　(　　)점
4. 무리하거나 부당한 청탁을 아무렇지도 않게 일삼는다.　　(　　)점
5. 자기 말만 늘어놓기에 바빠 다른 사람 얘기는 경청하지 않는다.　(　　)점

■ ■ 결과에 따른 진단

　0～ 25점 : 직업인으로서 기본이 전혀 없으니 처음부터 다시 시작하라.

　25～ 50점 : 직업인으로서 가능성이 엿보이므로 실망하지 말고 노력하라.

　50～ 75점 : 직업인으로서 유능한 편이지만 자만하지 말고 더욱 분발하라.

　75～100점 : 직업인으로서 아주 탁월한 면모를 보이고 있으므로 한결같아라.

■ ■ ■ 고쳐야 할 점 적어보기

잠깐 생각하고 가기

창의력 법칙 10가지

1. 언제든지 두 번째로 옳은 해답을 찾아라.
2. 잊어버리기 전에 아이디어를 반드시 적어 두어라.
3. 바보 같은 질문이 훌륭한 해답을 낳는다.
4. 절대로 근원적인 시각으로 문제를 풀려고 하지 마라.
5. 일을 거꾸로 보고, 바꿔 보는 법을 배워라.
6. 자연과 같이 생각하라. "자연은 이 문제를 어떻게 생각할까?"라고 물어라.
7. 가장 좋은 것을 낚아채 자신에 맞게 고쳐라.
8. 실패에 대한 벌이 아무것도 하지 않은 데에 대한 벌보다 무거워서는 안 된다.
9. 샤워를 즐겨라. 노래하고 싶은 마음이 들면 노래하라. 그 노래 속에 아이디어가 숨어 있을지도 모른다.
10. 누군가 당신이 틀렸다고 하면 당신은 한 걸음 앞선 것이고, 당신에게 조소를 보내면 두 걸음 앞선 것이다.

* 찰스 C. 톰슨의 「창의력 법칙 20」 가운데서

미래 비전에 관하여

이런 사원은 사표를 써라

필생의 꿈도 없이 그저 되는대로 현실에 안주하여 살면서, 작은 성공에 도취하여 고인 채로 썩어가는 줄도 모르는 바로 그런 사원은 사표를 써라!

손에 쥔 것을 비움으로써 자기를 새롭게 채우는 사람들이야 말로 개혁가들이다. 이들이야 말로 세상을 향해 활짝 열려 있는 개척자들이다.
새로운 것을 받아들이고 궁리한다는 것은 외부로부터의 자극에 반응하는 것만이 아니다. 자기 내면으로부터 새로움을 일으키고 궁리하여 밖으로 전염시키는 것도 의미한다. 떡을 쥔 내 손을 비우고 탐욕으로 가득 찬 내 마음을 비워야 비로소 나를 새로움으로 채울 수 있을 것이다.

35 그저 흘러가는 대로 살면서 꿈을 잊어간다

> 기회는 알아서 찾아오는 것이 아니라
> 나 스스로 힘써서 발견하는 것이다.
>
> _ 로렌스 굴드

시간은 누구에게나 언제나 공평한 것처럼 보이지만 사실은 사람이나 상황에 따라 엄청난 차이를 보인다. 떠난 님을 애타게 기다리는 사람에게는 "일각一刻이 여삼추如三秋"지만 그렇게 만난 님을 다시 떠나보내야 하는 순간에는 "삼추三秋가 여일각如一刻"이다. 시간은 이처럼 그 사람이 처한 상황이나 심리 상태에 따라 고무줄처럼 늘어지기도 하고 줄어들기도 하지만 그게 중요한 것은 아니다.

특히 직장인에게는 시간을 운영하는 '기술'이 중요하다. 그 기술에 따라 일 분을 한 시간처럼 알뜰하게 쓸 수도 있고 하루를 일 분처럼 의미 없이 낭비할 수도 있다. 하루가 24시간이라고 해서 모두에게 24시간의 가치를 주는 것은 아니다. 시간의 가치는 각자가 창출해내는 것이지 그 가치가 거저 주어지는 것은 아니다.

가는 세월에 몸을 내맡긴 채 하루하루를 허덕허덕 살아간다면 거기에 이미 '나'는 없다. 게다가 현재 하고 있는 일마저 재미가 없고 성취감마저 느끼지 못한다면 상황은 최악이다. 이처럼 현재 내가 보내고 있는 시간, 현재 내가 하고 있는 일이 내 꿈을 이루는 것과는 아무 상관이 없는지 돌아볼 필요가 있다. 내 꿈이 뭔지 아예 모를 수도 있고, 있긴 하지만 아직 그 꿈을 구체화하지 못하고 있을 수도 있다. 물론 여기에는 온갖 핑계가 있을 수 있다. 그러나 그런 핑계들은 내 꿈을 방치하기에는 너무 구차하거나 게으르다. 내가 보낸 시간들이 얼마나 게으른지 알려면 그 시간들을 하나하나 꼼꼼하게 적어보라. 이 기록은 자기 삶을 들여다보는 거울이 되기도 하지만 '기록한다'는 그 자체만으로도 이미 시간이 효율적으로 운용되기 시작했다는 것을 의미한다.

고대 로마의 철학자 세네카는 지인知人에게 보낸 편지에서 시간을 다음과 같이 말하고 있다.

오, 루치리! 모든 게 죄다 남의 것이라오. 오로지 시간만이 우리 자신의 재산이라오. 조물주가 우리 몫으로 준 것은, 걷잡을 수없이 흘러만 가는 이 변덕스러운 물건이라오. 그런데 이마저도 누군가 마음만 먹는다면 우리 손에서 훔쳐 내거나 빼앗아 갈 수 있소. … 시간이란 아무리 애를 써도 다시 찾을 수 없는 유일한 재산임에도 불구하고 사람들은 그것을 조금도 아낄 줄 모르고 있다오. "그렇게 나를 타이르고 일깨워주고 있는 당신 자신은 어떠냐?"고 내게 반문할 수도 있을 것이오. 솔직히 말해 나는 시간을 물 쓰듯 낭비하면서도 그 지출 내역을 늘 장부에 꼼꼼하게 기록해두고 있다오. 나 또한 적잖은 시간을 허비해왔다오. 그러나 얼마를 무슨 일로 어떻게 허비하였는가 하는 것은 늘 환하게 꿰고 있다오.

세네카의 고백처럼 자신도 시간을 허비하고는 있지만 그 내역을 훤히 알고 있기 때문에 허비하는 시간을 줄여갈 수 있다. 자기가 시간을 무슨 일로 얼마나 허비하고 있는지조차 모른다면 반쯤 죽어 있는 인생이다. 월터 커는 『줄어드는 기쁨, 멀어져가는 즐거움 The Decline of Pleasure』에서 "현대인은 어딘가 모르게 비참한 존재다. 반쪽짜리 가슴에 반쪽짜리 정신으로 이 세계와 소통하는 반쪽짜리 인생이기 때문" 이라고 통찰한다.

사람들은 '반쯤 죽어 있는' 느낌으로 아무도 모르게 잠이 든다. 날마다 몽유병자처럼 반쯤 내키는 마음으로 자기 정신의 반쪽만 쓸 뿐이다. 하지만 동시에 그들은 하나뿐인 삶의 절반을 낭비하고 있는 게 아닌가 하는 두려움에 쌓여 있다(레더 & 샤피로, *Repacking Your Bags*).

우리들 대부분은 지금 일이 만족스럽지 않더라도 마음 내키는 대로 일을 그만두기는 어렵다. 이미 투자해 놓은 바가 너무 많기 때문이다. 연금에 근속 수당, 인간관계까지 계산할 게 너무 많아 옴짝달싹도 할 수 없다. 이럴 때는 데이비드 A. 샤피로의 조언대로 "나의 꿈을 되찾아라."

 우리가 꿈꾼 것은 즐거움과 도전으로 가득 찬 일이요, 재능을 맘껏 발휘하면서 열정을 다해 일하는 삶이다. 그러나 시간이 지나면서 이 꿈은 서서히 깨진다. 그 꿈과는 아주 동떨어진 일을 하기도 한다. 일은 그냥 일일 뿐이다. 먹고 살기 위해 일할 뿐, 기쁨과는 무관한 삶을 살기도 한다. 일하면서 휘파람을 부는 법을 잊어버린 것이다. 더욱 불행한 것은 어렸을 적 품었던 꿈조차 까마득히 잊어버린다는 것이다. 하지만 이제 나 자신에게 다시 한번 물어볼 때가 됐다. 커서 무엇이 되고 싶었냐고. (레더 & 샤피로, 『일할 때는 휘파람을 부세요』)

 잃어버린 꿈을 되살리는 것은 곧 '나'를 회복하는 것이다. '나'를 회복하려면 먼저 '내게 주어진 시간'을 온전히 누려야 한다. 인생은 시간의 흐름이므로, 그 시간을 한번 흘려보내면 영영 '나'를 돌이킬 수가 없다.

■ ■ ■ ■ Review Focus

**하루가 24시간이라고 해서 모두에게 24시간의 가치를 주는 것은 아니다.
시간의 가치는 각자가 창출해내는 것이지 그 가치가 거저 주어지는 것은 아니다.**

36 새로움을 적극적으로 받아들이고 궁리하는 열정이 없다

> 변화를 시작하는 최초의 출발점은 내부의 욕망을 발견하고 그 욕망의 흐름에 자신을 맡기는 것이다.
>
> _ 구본형

아이들은 네다섯 살이 되면 잔뜩 호기심 어린 눈빛을 반짝거리며 세상에 대해 질문하기 시작한다. 이렇게 시작된 질문은 이내 봇물 터지듯 쏟아진다. 하지만 얼추 열서너 살이 되면 세상에 대한 경이로움과 앎을 향한 욕망은 슬그머니 수그러들고 만다. 그러다가 청년 시절에 꿈을 향한 열정이 잠시 반짝이는가 싶다가 어른이 되면 먹고 살기 바쁜 분주한 일상에 묻혀 호기심이나 경이로움, 열정이나 꿈은 까맣게 잊고 산다.

그렇게 몇 년 고단한 직장 생활에 허덕이다 보면 매너리즘에 젖어 뭔가 새로운 것을 받아들이거나 궁리하는 것조차 귀찮아진다.

잠자고 있는 열정을 추동하는 자기 계발에 관한 책을 들춰보거나 강연을 들으면 "이렇게 살아도 괜찮은가?"를 의심하고 반성하기도 하지만 그때뿐이다. 뭔가 끊임없이 새로운 일을 꾸미는 동료라도 있으면 '사서 고생하는 한심한 인간'으로 보일 뿐이다. 그리고 그 '한심한 인간'이 그러다가 뭔가 엄청난 사고(?)를 쳐서 핵심 인재로 발탁되어 승진을 하면 "세상 참 불공평하다"고 투덜거린다.

이는 우리가 "살아남는다"는 첫 번째 임무에만 붙들려 살기 때문에 벌어지는 비극이다. 그렇다면 살아남은 다음의 임무는 무엇인가. 쇼펜하우어의 다음과 같은 통찰은 귀담아 들을 만하다.

인간은 무엇보다도 살아남는 것(생계를 유지하는 것)을 첫 번째 임무로 삼는다. 그러나 생계가 확보되고 나면 이미 손안에 들어온 것은 짐이 되어 버리고 만다. 이제는 수시로 달려드는 권태를 피하기 위해 소유한 것을 처분하는 두 번째 임무가 필요하다. 두 번째 임무를 소홀히 하게 되면 자기 자신이 노예가 되고 만다.

사람이 반드시 육체적인 속박을 받아야만 노예가 되는 것은 아니다. 아무도 강제로 속박하지 않아도 스스로 노예가 되어 살아가는 사람이 너무 많다. 물론 "노예 상태가 아니고 나는 너무 자유롭다"고 주장한다면 할 말이 없지만 다른 사람 눈에 자유롭게 보이고 아니고는 그리 중요하지 않다. 과연 나 자신에게 스스로 자유로우냐고 물었을 때 그렇다고 자신 있게 대답할 수 있는가.

누군가 술 먹다가 우스개 소리로 "내가 처음 만난 모든 여자는 내게 그때마다 첫사랑"이라고 했다. 그래서 처음 만나는 여자에게는 늘 설렌단다. 한낱 바람둥이의 음담패설로 치부할 수도 있지만 이 얘기를 자기 인생의 일에 적용해 보면 시사하는 바가 자못 크다. '설렘'이야말로 열정을 발산하게 하는 가장 강력한 모멘텀이다. 이 설렘은 바로 '꼴림'으로 이어진다. 무슨 일을 하든 꼴려야 몰두할 수 있고 자기 능력을 십이분 발휘할 수 있다. 그런 면에서 이스라엘 초대 총리 벤 구리온의 삶은 내게 신선한 가르침으로 울린다.

이스라엘의 곡창지대인 네게브 언덕에는 이스라엘 초대 총리를 지낸 벤 구리온과 그의 아내가 잠들어 있다. 벤 구리온이 1948년 초대 총리로 취임할 당시 이스라엘 땅은 대부분 황무지였다. 특히 광활한 네게브는 풀 한 포기 나지 않는 버려진 땅이었다. 그는 13년간 총리로 일하면서 황무지 개간에 온갖 방법을 동원하였으며 모든 열정을 다 바쳤다. 모두들 미친 짓이라고 쑥덕거렸지만 마침내 네게브 사막이 푸른 옥토로 변하는 기적이 일어났다. 그는 명예롭게 총리 자리에서 물러났다. 총리 공관을 나온 그는 곧바로 네게브로 향했다. 농부들이 그를 기다리고 있었다. 그는 키부츠의 일원으로 다른 사람들과 똑같이 농사일을 했다. 진짜 농부가 된 것이다. 그때 그의 나이는 이미 일흔일곱이었다. 공동체(키부츠) 내에서 그가 전직 총리라고 해서 특혜를 받는 건 하나도 없었다. 그를 찾아오는 손님들이 쉬어갈 4평짜리 방이 유일한 특혜였다. 그는 1973

년 여든일곱의 나이로 타계했다. 그가 남긴 것은 아무것도 없었다. 한 푼의 돈도, 한 평의 땅도 없었다. 그가 남긴 것이라곤, 네게브 사막을 황금밀밭으로 바꿔놓은 개척 정신밖에 없었다.

물론 일국의 총리씩이나 지낸 거물이니까 이렇게 살 수도 있지 않겠느냐고 반문할 수도 있지만 지극히 평범한 사람들 가운데도 쇼펜하우어가 말한 '두 번째 임무'를 충실하게 수행한 사람들도 부지기수다. 본인도 생활보호 대상자로 궁핍하게 살면서도 매달 20만 원씩을 기부하고 장기 기증까지 서약한 할머니도 있고, 그 빡빡한 직업 생활에도 불구하고 매주 주말마다 어김없이 고아원을 찾아 봉사하고 정을 나누는 것으로 행복을 삼는 보통사람들도 많다. 이처럼 손에 쥔 것을 비움으로써 자기를 새롭게 채우는 사람들이야말로 개혁가들이다.

새로운 것을 받아들이고 궁리한다는 외부로부터의 자극에 반응하는 것만이 아니다. 자기 내면으로부터 새로움을 일으키고 궁리하여 밖으로 전염시키는 것도 의미한다. 떡을 가득 쥔 내 손을 비우고 탐욕으로 가득 찬 내 마음을 비워야 비로소 나를 새로움으로 채울 수 있을 것이다.

■ ■ ■ **Review** Focus

새로운 것을 받아들이고 궁리한다는 외부로부터의 자극에 반응하는 것만이 아니다.
자기 내면으로부터 새로움을 일으키고 궁리하여 밖으로 전염시키는 것도 의미한다.

37 꿈을 성취할 구체적인 프로그램이 없다

> 훌륭한 삶의 지도는 위대한 성현들이 남겼지만 이제 그 길을 가야 할 사람은 바로 나 자신이다.
>
> _ 스티븐 레빈

오늘 하루를 버티고 살아내기에도 버거운데 '무슨 미래'냐고 비관하는 사람이 있는가 하면, 나는 언젠가 큰일을 해낼 거라며 입만 열면 장밋빛 꿈을 장황하게 펼쳐놓곤 하는 사람도 있다. 그래도 전자보다는 후자가 훨씬 낫다. 그러나 아무리 찬란한 장밋빛 꿈도 그것을 이루기 위한 구체적인 행동이 따르지 않으면 공염불일 뿐이다.

내게도 평생의 업을 삼아 이루고자 하는 꿈이 있는가. 나도 이런 삶을 살았으면 하고 오래 전부터 생각해온 소망이 있는가. 있다면 나는 그것을 이루기 위해 지금 구체적으로 무엇을 준비하고 있는가. 다시 말해 프로그램이 있는가. 그 프로그램은 현실적으로 실천 가능하도록 짜여 있는가. 나는 그 프로그램에 따라 행동하고 있는가.

그렇지 않다면 지금 바로 내 꿈의 리스트를 적어보라. 그리고 그에 따른 실행 프로그램을 짜보라. 무엇을 어떻게 어떤 방법으로 언제까지 해낼 것인지 조목조목 적어보라. 동시에 현재 나의 상황을 어디까지 어느 정도로 변화시킬 것인지도 결정하라. 내가 간절하게 원하는 꿈을 이루기 위해 지금 내가 누리고 있는 것 가운데 기꺼이 포기해야 할 것들의 목록도 적어보라.

꿈은 이처럼 자기 안에서 충분히 내면화되고 검토되고 무르익어야 비로소 끊임없는 실행의 동력을 가동할 수 있다. 그리고 무엇보다 용기가 필요하다. 버릴 것은 버리고 가는 용기, 새롭게 채울 것은 채울 수 있는 용기, 거듭된 실패에도 꺾이지 않는 용기가 필요하다.

그러나 허황된 욕심과 꿈은 분명히 구별되어야 한다. 이른바 '대박'을 안겨 준다는 주위의 꼬드김에 넘어가 그렇잖아도 마른 지갑을 몽땅 털리는 사람이 어디 한둘인가. 그저 막연히 무엇을 하든 부자만 되면 장땡이라는 생각은 꿈이 아니라 탐욕일 뿐이다. 분별없는 탐욕은 사람을 한없이 어리석게 만든다. 심지어 알아주는 대학의 경제학 박사 타이틀을 가진 사람도 지극히 단순한 '사기'에 손쉽게 걸려들어 번번이 몽상만 좇다가 망가지고 만 경우를 보았다. 어느 누구도 정말로 좋은 것이라면(손쉽게 많은 돈을 벌 수 있는 것이라면) 절대로 남에게 거저 줄 리가 없다. 이런 단순한 경제 원리를 망각하지 마라. 그것을 떠나, 평생의 행복을 담고자 하는 꿈과 당장 마른 지갑을 채우고자 하는 욕심을 구별하라.

필생의 꿈은 어렸을 적부터의 동경으로부터 비롯하기도 하지만 종종 우연한 계기로 비롯하기도 한다. 그러나 계기야 무엇이 되었든 그 꿈을 이루는 길은 멀고도 험하다. 스트렙토마이신을 발견하여 결핵 치료의 신기원을 연 셀먼 A. 왁스먼 박사(미국의 세균학자)는 "나는 40년간 미생물과 함께 생활하였다"고 그 걸어온 길을 한마디로 회고하였다.

1888년 우크라이나에서 태어난 왁스먼은 일찍이 '미국으로 건너가 열심히 공부하여 뭔가 큰일을 하리라'고 다짐한 목표를 실천하기 위해 1910년에 미국으로 건너갔다. 러트거스 칼리지에 입학한 그는 미생물학을 연구 분야로 설정하고 무섭게 파고들었다. 그러던 가운데 '흙 속에는 질병을 일으키는 해로운 세균이 거의 없다'는 사실에 주목했다(1939년, 뒤보스가 토양 미생물 속에서 박테리아를 죽이는 약제를 발견한 것을 보고 자극을 받은 왁스먼은 항생물질을 생산하는 토양 박테리아를 찾기 시작했다). 그는 이 사실로부터 '그렇다면 흙 속에는 병원균을 죽이는 힘을 지닌 뭔가 분명히 있을 것'이라는 중대한 의미를 유추하였다. 그리고 그는 자신의 유추를 확신하였다. '흙 속에서 각종 전염병을 치료할 수 있는 약을 얻을지도 모르겠다'는 설렘이 이는 순간 그것은 곧 필생의 꿈이 되었다. 결국 실패

할지도 모를 기나긴 도전이 시작되었다. 그는 마침내 1943년, 흙 속의 방사상균이 만들어내는 스트렙토마이신을 발견하고 분리에 성공함으로써 결핵 치료의 길을 열었으며, 항생 물질 개발의 황금 시대를 알렸다. 의학사의 새로운 장을 연 것이다. 그는 이러한 공로를 인정받아 1952년 노벨생리·의학상을 수상하였다.

이처럼 꿈은 결코 손쉽게 이루어지는 것이 아니다. 더구나 생각만 되풀이해서는 한 발짝도 나아갈 수 없다. 그러고서는 진정으로 꿈이 있다고 할 수 없다. 그러므로 이미 행동으로 시작한 사람만이 꿈이 있다고 할 것이다. 내게도 꿈이 있다고 말하고 싶거든 지금 당장 그 꿈을 위한 작은 행동 하나라도 실천하라.

■ ■ ■ ■ Review Focus

꿈은 결코 손쉽게 이루어지는 것이 아니다. 더구나 생각만 되풀이해서는 한 발짝도 나아갈 수 없다.

38 날마다 작아지는 자신을
한탄만 하고 앉아 있다

> 위험을 감수하지 않고서는 어떤 것도 새롭게 성취할 수 없다.
>
> _ 리처드 브랜슨

세상 사람들 가운데 몇이나 '하고 싶은 일'을 가졌을까? 또 그 가운데 몇이나 그 하고 싶은 일에 만족하면서 사는 행운을 누리고 있을까?

좋아하는 일을 하라. 아니면 하고 있는 일을 사랑하라. 처음에는 그 일이 나를 선택했을망정 이제는 내가 그 일을 선택해 버려라. 그리고 그 일 가운데서 뜻을 세워라. 내가 지금 어디에 있건 늦지는 않다. 뜻을 세우고 꿈을 가꾸는 데는 나이가 필요 없기 때문이다.

"형, 내가 꼭 이렇게 살아야 하는 거요. 이건 내가 꿈꿔온 인생이 아니라구요. 어떻게 하다보니 은행에 들어갔고, 그 직장 덕분에 장가가는 데도 별 어려움 없었고, 지금은 우리 한 식구 먹고 사는 데 별로 지장이 없어요. 그런데 말이죠. 지금 내 인생엔 꿈이 자랄 자리가 없어요. 단지 먹고 살기 위해 아침 일찍부터 밤늦게까지 재미도 없는 일에 매달려야 하는 내 인생이 불쌍해요. 그럴 형편도 못되는 사람들이 보면 배가 불러서 헛소리한다고 나무랄 수도 있겠지만 이건 먹고 사는 문제가 아니라고요. 먹고 살기만 하기 위해 세상에 나온 것은 아니잖아요. 이 짓도 10년을 넘기고 보니까 이제 비로소 나 자신이 보이기 시작해요. 내 꿈은 기업 경영자가 되거나 금융 전문가가 되는 게 아니라구요. 그런데 내가 10년, 20년을 은행에서 굴러먹은들 그게 무슨 소용이 있겠어요. 내 어릴 적부터의 꿈은 그림을 그리는 거였어요. 뭘 그리고 싶었는지 알아요? 바람을 그리고 싶었다구요. 새벽이슬을 어루만지는 바람요…. 바람을 노래하는 시인이 있다면 그 시인과 함께 근사하게 시화전을 여는 것도 괜찮을 텐데…. 뭐라구요? 지금도 늦지 않았다구요? 이제 내겐 그럴 용기도 남아 있지 않나 봐요. 또 형한테 이처럼 투정이나 부리다 말겠죠 뭐. 형, 하지만 나이를 한 살씩 더 먹어갈수록 시작도 못해보고 묻어둔 꿈이 점점 더 절실해져요. 그런데 먹고 사는 데 바빠 그 빌어먹을 용기는 없고… 어쩌죠?"

가끔씩 만나 소주로 회포를 푸는 후배 녀석이 수년 전 술기운에 늘어놓은 푸념(?)이다. 그는 이른바 부잣집 아들이 아니다. 아버지는 그가 어릴 적에 돌아가셨고 밑으로는 여동생 둘이 오빠를 바라보고 있었다. 그는 미술대학에 가고 싶었지만 홀로 되신 어머니를 보며 차마 그 얘기를 꺼낼 수 없었다. 다행히도 공부를 잘했던 그는 4년 장학금을 받고 J대학교 경영학과에 들어갔다.

그는 이제 가족의 생계를 책임지고 있는 가장이다. 두 아이도 벌써 초등학생이다. 이제 와서 은행을 나와 "바람을 그리겠다"고 나서는 미친(?) 짓을 할 용기는 없다고 했다. 그래서 나는 그에게 직장 내에 화가를 꿈꾸는 사람들을 위한 동아리를 만들어보든, 외부의 그런 동아리에 가입하여 활동해 보라고 권했다. 동아리 활동을 통해 조금씩 꿈을 향해 나아가는 것도 하나의 방법이라고 했다. 그러면 아마 지금 하고 있는 은행 일도 사랑할 수 있게 될 것이라고 말해 주었다.

이런 고민은 비단 내 후배만의 일은 아닐 터이다. 숱한 직장인들이 이런 딜레마에 빠져 '점점 작아지는' 자신을 응시하며 한숨을 내쉴 때가 허다할 것이다. 이런 내면의 서글픈 풍경을 어느 시인이 있어 참으로 실감나게 그리고 있다.

작아진다 / 자꾸만 작아진다… / 얼굴 가리고 신문을 보면 세상이 너무 평온하여 작아진다 / 넥타이를 매고 보기 좋게 일렬로 서서 작아지고 / 모두가 장사를 해 돈 벌 생각을 하며 작아지고 / 들리지 않는 명령에 귀기울이며 작아지고 / 제복처럼 같은 말을 하며 작아지고 / 수많은 모임을 갖고 박수를 치며 작아지고 / 권력의 점

심을 얻어먹고 이를 쑤시며 작아지고 / 카테일 파티에 나가 양주를
마시며 작아지고 / 이제는 너무 커진 아내를 안으며 작아진다… /
작아졌다 / 그들은 충분히 작아졌다 / 성명 직업과 연령만 남고 /
그들은 이제 너무 작아져 보이지 않는다

— 김광규, 「작은 사내들」

내가 이처럼 아무리 작아졌어도 간절히 원하면 길은 열릴 것이다. "내 안의 거인을 다시 깨워" 초라해진 나를 다시 일으켜 세울 수 있을 것이다. 술청에 앉아 넋두리를 늘어놓는 대신 지금 바로 맨 정신으로 행동에 착수한다면 말이다.

'나는 반드시 내가 소망하는 바를 이루게 될 것'이라는 믿음으로 "한없이 작아지고 있는" 나를 돌려세워라. 그리고 내내 땅바닥으로만 처박히던 고개를 들어 하늘을 보라. 가슴을 활짝 펴고 맘껏 심호흡을 해보라. 이제 나는 어제까지의 내가 아니다. 나는 날마다 새롭게 태어난다. 그 새로움이 차곡차곡 쌓여 내 꿈을 채울 것이다.

■ ■ ■ ■ Review Focus

내가 이처럼 아무리 작아졌어도 간절히 원하면 길은 열릴 것이다.
"내 안의 거인을 다시 깨워" 초라해진 나를 다시 일으켜 세울 수 있을 것이다.

39 현재의 성공에 안주한 채 고여서 썩어가는 줄도 모른다

얘야, 오늘은 앞으로 남은 네 인생의 첫날이란다.

_ 랜스 암스트롱의 어머니

사람들이 모여서 뜻을 세우고 무슨 일을 하게 되면 처음에 어려울 때는 서로를 감싸고 이해하면서 화합한다. 그러나 일이 성공하게 되어 나눌 열매가 생기면 그때부터 분란이 일어난다. 처음에 세운 뜻은 빛이 바래가고 모두들 자기가 차지할 열매에만 생각이 미치기 때문이다.

그러나 『동의보감』의 주인공 허준은 아무리 큰 공을 이뤘어도 애초에 세운 뜻을 한시도 잊지 않았다. 이미 이룬 공은 다른 사람들에게 돌리고 자신은 묵묵히 새로운 공을 이루기 위해 애쓸 뿐 이미 이룬 공을 서로 차지하느라 벌이는 아귀다툼에 휩쓸려 세월을 허비하지 않았다. 아귀다툼에 혈안이 되었던 사람들은 흔적도 없이 사라졌으나 허준은 그 이름을 청사靑史에 새겼다. 노자의 가르침대로 "공을 이루고도 그 공에 처하지 않음으로써 능히 그 뜻을 이룬 것"이다.

기업의 일에 이르러서도 하나를 성공하면 그 하나의 성공에만 안주하려 하기 십상이다. 그 성공이 언제까지나 이어지리라는 안일한 생각 때문이다. 이런 점에서 일본의 중소기업 오카노 공업이 실천해온 변화 경영은 깊이 새겨 배울 만하다.

기껏 6명의 종업원으로 연간 매출을 무려 60억 원이나 올리는 오카노 공업은 주로 금형과 프레스를 생산하는 '하청업체'다. 물론 대기업 기준으로 보면 아주 작은 규모지만 일본 굴지의 대기업뿐 아니라 미국의 NASA나 펜타곤(국방부)까지 찾아와 일감을 부탁할 정도로 잘나가는 기업이다. 핸드폰의 리튬이온전지 케이스 금형을 처음으로 만들어낸 사람도 오카노 공업의 오카노 사장이다. 그는 항상 5년 후에는 어떤 새로운 기술로 경쟁력을 유지해야 하는가를 고민한다. 아무리 획기적인 기술이라도 절대 3년 이상 우려먹지 않는다. 3년 정도 지나면 이미 다른 경쟁업체들이 그대로 따라하는 것은 그다지 어렵지 않기 때문이다. 그렇게 되면 제살 깎아 먹기 식 출혈경쟁이 벌어질 것은 불을 보듯 뻔하다. 따라서 그는 새로운 기술을 3년 정도 써먹다가 다른 기업들에게 팔아버리고 끊임없이 새로운 기술을 개발하여 경쟁력 우위를 유지한다.

오카노 사장은 "하이테크가 각광받는 세상이지만 누군가는 로테크를 생산해야 한다. 로테크 없는 하이테크는 사상누각沙上樓閣"이라는 신념을 갖고 있다. 아무리 중국이 물량을 내세워 저가 공세를 펴더라도 최고의 로테크 기술을 유지하는 한 건재할 것이라고 믿는다.

성공에 관해서도 주관이 분명한 그는 "크든 작든 창조적인 작업을 방해하고 변화를 가로막는 최대의 적은 '화려했던 과거'에 대한 집착이다. 과거의 성공에 집착하면 시야가 좁아지고 기개氣槪가 사라진다. 과거를 먹고 사는 늙은이가 아니라 미래를 꿈꾸며 사는 젊은이의 눈으로 세상을 바라보아야 한다"고 통찰한다.

노자도 "성스러운 사람들은 하면서 기대지 아니하고, 공이 이루어져도 그 속에 처하지 아니하고, 그 슬기로움을 드러내지 않는다. 聖人爲而不恃, 功成而不處, 其不欲見賢"(김용옥, 『길과 얻음』)고 했다. 웅덩이에 고인 물이 강으로 흘러들기를 두려워한다면 그는 영영 바다가 될 수 없을 뿐더러 한 마리의 물고기도 키울 수 없다. 웅덩이는 안전하긴 하지만 죽어 있는 세상이다. 거칠게 흐르는 강은 위험하긴 하지만 무궁무진한 가능성을 지닌 살아 있는 세상이다. 내가 지금 조그마한 웅덩이 안에 갇혀 한 줌의 산소를 다투고 있는 물이거든 과감하게 그 웅덩이에서 뛰쳐나와 강으로 흘러들어라. 용기 있는 사람들은 죽어 있는 것(이미 이룬 성공)을 다투지 아니하고 살아 있는 것(앞으로 이룰 성공)을 다툰다.

다시 얘기하지만 "소유한 만큼 누리는 것이 아니라 누리는 만큼 소유하는 것"이다. 그런 의미에서 『엔트로피』의 저자 제러미 리프킨이 『소유의 종말 *The Age of Access*』에서 보여준 통찰은 두고두고 새길 만하다.

'소유'는 급변하는 세상에 적응하기에는 너무 느려터진 개념이다. '소유한다'는 것은 그동안 금과옥조金科玉條로 떠받들어졌다. 하지만 눈알이 핑핑 돌도록 빠르게 돌아가는 오늘날, 소유에 집착하는 것은 곧 자멸하는 길이다. 변화하지 않는 것이라고는 변화밖에 없는 세상에서, 소유하고 보유하고 축적하는 태도는 점점 설 자리를 잃어간다.

그러고 보면 미래의 성공을 위해 경계해야 할 최대의 적은 '실패'가 아니라 '현재의 성공'이다. "달도 차면 기울게 마련"이고 "오르막이 있으면 내리막이 있게 마련"이라는 동서고금東西古今을 관통해온 속담이 우리에게 끊임없이 경계의 신호를 보내왔건만 우리는 정작 '나 자신'의 문제에 이르면 귀에 못이 박히도록 들어온 아주 당연한 교훈을 까맣게 잊어버린다.

■ ■ ■ Review Focus

웅덩이는 안전하긴 하지만 죽어 있는 세상이다.
거칠게 흐르는 강은 위험하긴 하지만 무궁무진한 가능성을 지닌 살아 있는 세상이다.

■■■ diagnosis Clinic

■ 다음 항목을 읽고 내게 해당하는 답의 점수를 적어 넣으십시오.

항상 그렇다	자주 그렇다	반반이다	가끔 그렇다	전혀 그렇지 않다
0점	5점	10점	15점	20점

1. 꿈을 이루기 위한 어떤 노력도 없이 그저 오늘을 때우기에 바쁘다. (   ) 점
2. 새로운 것을 궁리하는 열정도 없고 오히려 새로운 것을 귀찮아한다. (   ) 점
3. 꿈의 목록도 없고 그것을 성취할 구체적인 프로그램도 없다. (   ) 점
4. 초라해지는 자신을 한탄하면서도 거기서 한 발짝도 벗어나지 못한다. (   ) 점
5. 조그마한 성공에 안주한 채 새로운 도전을 시도하지 않는다. (   ) 점

■■ 결과에 따른 진단

　0~ 25점 : 직업인으로서 기본이 전혀 없으니 처음부터 다시 시작하라.
　25~ 50점 : 직업인으로서 가능성이 엿보이므로 실망하지 말고 노력하라.
　50~ 75점 : 직업인으로서 유능한 편이지만 자만하지 말고 더욱 분발하라.
　75~100점 : 직업인으로서 아주 탁월한 면모를 보이고 있으므로 한결같아라.

■■■ 고쳐야 할 점 적어보기

잠깐 생각하고 가기

지식이 쓰레기가 되는 경우

컴퓨터 메모리에 넣어 두어도 될 것을
인간의 두뇌에 보관하는 경우

아무것도 창조하지 못하면서
자랑하기 위해 두뇌에 집어넣는 경우

학벌 위주의 사회를 지속하기 위해 공부하고
학위나 따기 위해 머릿속에 쑤셔넣는 경우

모르는 사람은 달걀 프라이라도 하는데
너무 유식해서 알 한 개 낳지 못하고
뒷짐지고 초월한 표정을 짓는 경우

많이 알아서 인간 차별하는 사회 조장하며
인간에게 등급 매기고 이 등급 꼭대기에 앉는 데만 급급했지
인간의 진정한 행복에는 관심이 없는 경우

남에게 지고는 못살게끔 세뇌 교육 받아
자신을 희생시키며 머리에 무자비하게 지식을 집어넣는 풍토를
전혀 개선시킬 생각 없는 사람이 가진 지식은 쓰레기이다

기쁨을 주지 못하는 지식은 쓰레기통에 버려라
알을 까지 못하는 지식은 컴퓨터에 보관하라

* 신정모라, 「지식이 쓰레기가 되는 경우」

그 밖의 것들에 관하여

이런 사원은
사표를 써라

자신을 신뢰하지 못하고, 하찮은 것들을 위해 소중한 것들을 팔아먹으며, 할 일도 제대로 못하면서 눈치 보기에만 급급한 바로 그런 사원은 사표를 써라!

우리 주위를 돌아보면 참담한 실패를 거듭하고도 아직 남아 있는 소중한 것들을 밑천 삼아 끝내 성공에 이른 사례는 얼마든지 찾아볼 수 있다. 실패나 불행은 받아들이기 나름이다. 그 엄연한 현실을 받아들이지 못하게 되면 자기 자신이 견딜 수 없이 초라해지고 비참한 기분에 빠진다. 새롭게 일어설 수 있는 힘은 이미 일어난 실패나 불행을 담담하게 자기 인생으로 받아들이는 데서 비롯한다. 바로 이런 사람이야말로 진실로 용기 있는 사람이다.

40 나를 해치는 최대의 적은 바로 자신이라는 사실을 잊지 마라

> 소리 없는 소리에 귀를 기울이고
> 묵묵히 앉아서 안으로 시선을 돌립니다.
>
> _ 박정만

생사生死를 제외하고 나에 관한 모든 것은 나로부터 비롯하고 나에게로 귀결된다. 그런데도 사람들은 걸핏하면 다른 사람을 탓하고 하늘을 원망한다. 물론 여기에도 타당한 이유야 있겠지만 먼저 자신을 돌아보고 그 안에서 문제를 찾아야 할 것이다.

남을 탓하거나 하늘을 원망하는 중에 나중에라도 자기를 돌아보게 되면 그나마 다행이겠지만 사람들은 좀처럼 자기의 허물을 인정하려 들지 않는다. 늘 문제의 원인을 자기 안에서 찾아 개선하려 하지 않고 밖으로 돌리기 때문에 좀처럼 제자리를 벗어나지 못한다. 물론 적은 사방에 널려 있지만 당신을 망치는 최대의 적은 바로 당신 안에 숨어 있다. 당신의 인생을 망치고 싶지 않으면 먼저 당신 자신을 성찰하라.

어떤 평범한 샐러리맨이 있었다. 증권사에 근무하던 그는 IMF 구제금융 사태 당시 구조조정으로 실직했다. 그는 이미 그 전에 주식 투자로 적잖은 빚을 지고 있어서 퇴직금과 집을 판 돈으로 빚을 갚고 나자 알거지가 되었다. 생각다 못한 그는 안면 있는 명동 사채업자를 찾아가 1억 원을 맡기면 6개월 내에 50퍼센트의 수익을 올려주겠다고 했다. 운이 좋은 그는 주식 시장 활황을 타고 3개월 만에 100퍼센트의 수익을 올려주고 수수료로 수익의 절반인 5000만 원을 받았다. 그는 그 5000만 원을 창업하는 벤처 기업에 분산 투자했다. 투자한 벤처 기업마다 '대박'이 터졌다. 그러자 여기저기서 그에게 돈을 맡겨오기 시작했다. 그의 재산은 2년도 안 되어 100억 원을 넘어서고 있었다. 그는 갑부가 되어 있었지만 그때까지도 단칸 셋방에서 검소하게 살았다. 그런데 주위에서 그를 부추기기 시작했다 ─ 부자면 부자답게 폼나게 살아야지 그게 무슨 궁상이냐고. 그래서 그는 20억 원짜리 빌라를 사서 이사하고 1억 원이 넘는 벤츠를 뽑아 폼나게 타고 다녔다. 그러자 그의 돈을 우려먹으려는 파리들이 들끓었다. 그는 하룻밤 술값으로 몇 백만 원씩을 우습게 뿌리고 다녔다. 날마다 주색잡기에 빠진 그는 가정을 돌볼 시간이 없었다. 문제는 거기서 그치지 않았다. 그토록 소박하고 알뜰하던 그의 아내도 몰라보게 달라졌다. 1000만 원이 넘는 가구를 사들이고 몇 백만 원짜리 옷을 수시로 갈아입었으며, 친구들을 만나 점심 값으로만 수십 만 원을 우습게 뿌리고 다녔다. 예전에는 남편이 술에 취해 들어오면 "일도 좋지만 당신 건강이 우선"이라 며 꿀물을 타주던 다정한 아내가 이제는 "어떤 년과 놀아나느라 이제 들어오느냐"며 고래고래 악을 써댔다. 아내뿐 아니라 아이들도 함께 망가져갔다. 예전에는 자장면 한 그릇만 사주고 용돈으로 천 원짜리 몇 장만 쥐어주어도 "우리 아빠 최고"라며 눈물나게 고마워하던 아이들이 이제 10만 원짜리 수표가 아니면 거들떠도 보지 않고 100만 원이 넘는 게임기를 사달라고 당연한 듯 요구하게 되었다. 생각해보니 몇 개월째 온 가족이 오순도순 모여 앉아 함께 저녁 식사를 하거나 대화를 나눠본 기억이 없다. 주체를 못한 돈 때문에 어느덧 그의 가정은 풍비박산이 나고 말았다. 그는 그 사실을 1년이 지난 다음에야 깨닫고 회한의 눈물을 흘렸다. 그러나 단란했던 가정을 되찾기에는 이미 늦어 있었다. 그는 여전히 돈이 많았지만 비참한 지경에 빠진 자기 신세를 발견하고 망연자실할 수밖에 없었다. 자기 자신을 배반한 대가가 그토록 혹독할 줄은 미처 몰랐다. 가까스로 자기를 되찾은 그는 호화 주택과 외제 차를 팔고 주색잡기를 멈췄다. 그는 아직도 치명적인 상처를 치유하기 위해 근신하고 있지만 완치되려면 더 오랜 시간이 걸릴 것 같다.

자기를 배반한다는 것은 곧 자아의 상실을 뜻한다. 자아를 상실하는 순간 그 무엇의 노예로 전락하게 된다. 노예가 되면 자기를 주장할 수 없게 된다. 지옥이든 연옥이든 흘러가는 대로 자기를 맡길 뿐이다. 자기 자신을 속이면 반드시 그 대가를 치르게 된다.

셰익스피어의 「햄릿」 가운데 햄릿이 자신의 나약한 마음을 한탄하는 다음과 같은 독백이 나오는데 (실제로는 햄릿이 아버지의 원수를 두고 갈등하는 심정을 표현한 것이지만) 상황의 한계를 뛰어넘어 오늘을 사는 우리 모두 음미할 만하다.

생활의 고통에 시달리며 땀범벅이 되어 신음하면서도, 사후의 한 가닥 불안 때문에, 죽음의 경계를 넘어서 돌아온 이가 한 사람도 없기 때문에, 그 미지의 세계에 대한 불안 때문에 우리들의 결심은 흐려지고, 이 세상을 떠나 또 다른 미지의 고통을 받기보다는 이 세상에 남아서 현재의 고통을 참고 견디려 하는구나. 사리분별이 우리를 겁쟁이로 만드는구나. 이글이글 타오르는 타고난 결단력이 망설임으로 창백해지고, 침울해진 탓으로 마냥 녹슬어 버리는구나. 의미심장한 대사업도 이 때문에 샛길로 잘못 들고 실천의 힘을 잃게 되는구나.

■ ■ ■ ■ Review Focus

자기를 배반한다는 것은 곧 자아의 상실을 뜻한다. 자아를 상실하는 순간 그 무엇의 노예로 전락하게 된다. 노예가 되면 자기를 주장할 수 없게 된다.

41 누구보다 먼저 자기 자신을 신뢰하라

나는 아직 아무것도 아니므로 원하는 무엇이든 될 수 있다.

_ 새뮤얼 스마일즈

자기 인생을 경영하는 데 있어 결과에 연연해하고 실패를 두려워하면 당당해질 수 없다. "진인사대천명盡人事待天命"이라 했다. 최선을 다했다면 결과는 하늘에 맡겨라. 그리고 나 자신을 신뢰한다면 학벌이나 집안 등 배경이 보잘 것 없다고 해서 괜히 주눅들 필요는 없다. "살고자 하면 죽을 것이요, 죽기를 각오하면 살 것"이라는 격언은 전쟁에서만 통하는 얘기가 아니라 우리 일상에서도 늘 유효하다.

세계적인 음악가를 꿈꾸는 한 시골 여학생이 있었다. 그녀는 시골에서 자라 중학교를 졸업할 때까지 시골 학원에서 피아노를 배우다가 고등학생이 되어서야 서울에 있는 선생님을 찾아 본격적인 레슨을 받았다. 명석하고 당찬 그녀는 만만치 않은 레슨 과정을 금세 소화해내며 일취월장日就月將했지만 선생님은 그녀가 최고 대학에 들어가기에는 (체계적인 레슨을) 너무 늦게 시작했지 않았나 싶어 안타까워했다.

아니나 다를까, 그녀의 필기시험 성적은 뛰어났지만 실기시험 결과는 아무래도 만족스럽지 못했다. 올해 안 되면 내년에 다시 도전하지, 하는 마음으로 편하게 면접에 응했다. "음악은 얼마나 공부했지?"라는 면접관의 퉁명스런 첫 질문은 다소 긴장하고 있던 그녀의 두려움을 일시에 날려버렸다. 그녀가 "4년을 공부했다"고 대답하자 면접관은 "그 실력으로 우리 학교 같은 명문에 들어올 수 있다고 생각하나?" 하고 반문했다. 거기에는 예술고 출신도 아닌 너 같은 시골뜨기가 겨우 4년을 공부한 실력으로 감히 최고 명문인 우리 학교를 무슨 배짱으로 넘보는 거냐는 비웃음이 서려 있었다. 그러나 그녀는 조금도 주눅 들지 않고 당당하게 말했다.

"저는 떨어지더라도 한번 경험 삼아 이 학교에 도전한다는 생각을 해본 적이 없습니다. 반드시 이 학교에 들어오고야 말겠다는 각오로 최선을 다했습니다. 저는 이 세상 무엇보다 음악을 사랑하고 좋은 음악을 만들 자신이 있습니다. 저는 그런 제 자신을 믿고 여기까지 왔습니다. 비록 여기서 떨어진다고 해도 제 자신에 대한 믿음에는 변함이 없을 것입니다. 그 믿음이 있는 한 제 자신에 대해 실망하는 일도 없을 것입니다."

면접을 마치고 나온 그녀는 십중팔구 떨어질 것이라고 생각했지만 결국 우수한 성적으로 합격하였다.

겸손이 비굴이나 아첨과는 다르듯이 자신에 대한 믿음이나 자존심自尊心은 교만과는 다르다. 노먼 V. 필(미국의 목사)은 "다른 사람의 호감을 사는 중요한 요소의 하나는 자아를 살리는 데 있다"고 했으며, "자신을 가치 있는 사람이라고 생각하라. 칭찬과 존경을 받기에 충분한 인간이라고 생각하라. 그러면 결국 사람은 마음속에서 그리는 대로 되는 것"이라고 했다. 현재 내가 어떤 환경에 처해 있든, 다른 사람들이 나를 뭐라고 평가하든 몽테뉴의 통찰대로 "세상에서 가장 중요한 일은 어떻게 하면 내가 온전히 나 자신의 주인이 될 것인가를 아는 일이다."

■ ■ ■ Review Focus

자신을 가치 있는 사람, 칭찬과 존경을 받기에 충분한 사람이라고 생각하라. 그러면 결국 사람은 마음속에서 그리는 대로 되는 것이다.

아무리 힘들고 바빠도 소중한 것을 잃지 마라

42

> 어느 날 갑자기, 내가 다른 사람의 삶을 살다가 죽어가고 있다는 사실을 발견하고 싶지 않소.
>
> _ 캐런 블릭슨

먹고 살기도 힘겹지만 참 바쁘기도 한 세상이다. 이런 세상에서 살다보니 우리는 정작 소중한 것들을 잃어간다. 당장 먹고 사는 데 급급하여 마음만 있을 뿐 내 인생의 소중한 것들은 늘 뒷전으로 밀린다. 그러나 "진정한 사랑은 사랑하는 마음이 아니라 사랑하는 행동"이라고 했다. 소중한 것들을 다음으로 미루다 보면 내 안에 그것들이 들어설 자리는 영영 없게 된다.

어느 선생님이 교탁에 항아리 하나를 올려 놓으며 학생들에게 '퀴즈 놀이'를 제안하였다. 이윽고 선생님은 주먹만한 돌을 꺼내 항아리 속에 하나씩 넣기 시작했다. 항아리에 돌을 가득 채우고 나서 선생님은 학생들에게 "이 항아리가 가득 찼느냐?"고 물었다. 그러자 학생들은 주저 없이 이구동성異口同聲으로 "그렇다"고 대답했다. 그러자 선생님은 "정말 그런가요?" 하고 되묻더니, 다시 교탁 밑에서 조그만 자갈을 한 움큼 꺼내 항아리에 집어넣고는 주먹만한 돌 사이로 섞여 들어갈 수 있도록 항아리를 흔들었다. 선생님은 "이 항아리가 가득 찼느냐?"고 다시 물었다. 눈이 휘둥그레진 학생들은 이번에는 고개를 갸웃거리며 "글쎄요…?" 하고 대답했다. 그러자 선생님은 이번에는 모래를 꺼내 주먹만한 돌과 자갈 사이의 빈틈을 가득 채운 후에 "항아리가 가득 찼느냐?"고 다시 물었다. 이에 학생들은 당연하다는 듯 "아니오"라고 대답했고, 선생님은 이번에는 주전자를 들어 물을 항아리에 부었다.

그리고 나서 선생님은 "이 실험이 무엇을 의미하는지"를 물었다. 그러자 한 학생이 지체 없이 손을 들더니 "지금 하고 있는 일이 너무 바빠서 도저히 다른 짬을 낼 수 없는 상황이더라도 정말 노력하면 새로운 일을 그 사이에 추가할 수 있다는 것"이라고 대답했다.

그러자 선생님은 그런 의미가 아니라고 부인하며 "만약 내가 항아리에 큰 돌을 먼저 넣지 않는다면, 영원히 큰 돌을 넣지 못할 것이라는 의미"라고 설명했다.

여기서 주먹만한 돌은 인생에서 가장 소중한 것들을 의미한다. 내게 가장 소중한 것들은 무엇이고 가장 소중한 사람은 누구인가,

적어보라. 그것들이 지금 내 안에 들어올 자리가 있는지 살펴보라. 만약 '지금' 소중한 것들을 끌어안을 자리가 없다면 나중에도 없다. 그렇다면 지금 당장 내 안에 꽉 찬 것들을 모조리 비워내고 다시 담아야 한다, 가장 소중한 것부터.

   사람들은 대개 소중한 것을 잃고 나서야 그것이 소중한 것이었다는 걸 깨닫고 눈물을 흘린다. 정말 소중한 것은 종종 물과 같고 공기와 같아서 곁에 있을 때는 미처 그 존재조차 깨닫지 못한다. 그래서 잃어버리기 쉬운 것이다. 이제는 내게 가장 소중한 것부터 맨 먼저 내 안에 담아라. 그러면 잃어버리는 일도 없을 것이다.

■ ■ ■ ■ Review Focus

사람들은 대개 소중한 것을 잃고 나서야 그것이 소중한 것이었다는 걸 깨닫고 눈물을 흘린다.

43　당신이 절대로 해고당하지 않을 이유를 만들어라

> 영원히 살 수 있을 것처럼 공부하고
> 내일 죽을 것처럼 일하라.
>
> _ 마하트마 간디

내가 만약 지금 사표를 낸다면 회사에서는 시늉으로라도 만류를 할까, 나는 회사에서 얼마나 중요한 사람일까, 상사나 동료들에게 나는 어떤 존재일까, 아마 누구라도 한번쯤 이런 의문을 품어보았음직하다. 그렇다면 절대로 해고당하지 않을 이유는 어떻게 해야 생기는 걸까? 한경닷컴 커뮤니티의 「홍석기의 밥값 하는 사람들」 가운데 글 한 편이 마음을 붙잡아 여기에 소개한다. 직장 생활을 하면서 두고두고 음미할 만하다.

몇 년 전 이야기입니다. 당신을 전문직 경력사원으로 채용하기 위하여 면접을 본 후, 저는 많이 망설였습니다. 해외 유학파도 아니고, 탁월한 실력을 갖고 있다고 확신하기에도 어려운 당신의 학력이나 전공, 짧은 경력 등을 감안할 때, 중간관리자인 제가 경영진에게 자신 있게 추천하기에는 당신이 부족하다고 느껴지는 게 너무 많았습니다. 회사에서 필요로 하는 전문 분야의 공인자격증을 갖고 있지도 않았으며 나이도 좀 많다는 생각이 들었습니다.

그러나 당신을 채용키로 결정하는 데에는 다른 여러 가지 요소들이 작용했습니다. 서류상에 나타나는 숫자나 국가에서 인정하는 특정 자격은 인재를 채용하는 참고자료일 뿐, 인성과 자질을 평가하고 업무처리 능력이나 미래의 가치를 판단하는 데에는 전혀 도움이 되지 않는다는 것을 회사는 충분히 알고 있었습니다.

아직도 기억에 생생한 한 가지는, 수차례에 걸친 면접을 보는 동안 당신은 항상 웃고 있었으며 자신 있는 태도로 당신 자신을 충분히 표현하고 있었다는 것입니다. 요즘에 와서 느끼는 점이지만, 당신과 함께 일을 해 온 지난 몇 년은, 당신에 대하여 평가하고자 한 회사의 인사정책에 전혀 부족함이 없었다는 확신을 갖게 해 준 유용한 기간이었습니다.

오랜 기간을 걸쳐 성장해 온 회사의 발전에는 당신과 같은 여러 직원들의 노고와 기여가 있었습니다. 그럼에도 불구하고, 최근 경영 환경의 어려움과 기술 변화에 부응할 수 있도록 하기 위해서 특정 분야의 인재는 시급히 필요한 반면, 일부 부서의 직원은 향후에도 불필요하다고 사료되어 다른 길을 찾도록 해야 하는 가슴 아픈 현실을 외면할 수 없는 상황이 되었습니다. 그리하여, 경영 임원진은 인사 담당 부서 관리자들과 장기간에 걸쳐 검토하고 심의한 끝에 최소의 인원을 줄이기로 하였습니다. 그러나 회사는, 다음과 같은 이유로 사직서를 제출한 당신을 감원 대상에서 제외하기로 결정한 바, 이를 알려 드리오니 양지하여 주시기 바랍니다.

첫째, 당신은 입사 이후 한 번도 늦게 출근한 적이 없을 뿐 아니라 오히려, 어느 누구보다도 일찍 출근하여 일과를 준비하였습니다. 모든 일에 솔선수범하여 타 부서와의 업무에도 적극 협조함으로써 회사 내 모든 일이 그릇되지 않도록 하였습니다. 대부분의 직원들이 허둥지둥 출근하여 커피를 마시고 화장실로 신문을 들고 가서 언제 돌아올 줄도 모르는 상황에서 당신은 항상 아침 일찍부터 울리는 그들의 전화를 대신 받아 주며 한 번도 짜증나는 기색이 없더군요.

고객을 접대한다며 커피 한 잔을 빼 들고 복도와 휴게실에 가서 몇 시간씩 수다를 떠는 다른 직원들의 대변인 노릇을 하는 당신의 목소리엔 늘 그들의 바람막이가 되는 걸 싫어하는 기색이 보이질 않았습니다. 회사에서 일어나는 여러 가지 일 가운데 어느 부서에도 속하지 않는 모호한 일이나 급히 처리해야 할 일은 모두 당신에게 할당되는 경향이 있었으며, 당신에게 부여된 일은 어느 것 한 가지도 제때에 처리되지 않은 것이 없습니다.

당신이 속해 있는 부서 직원들로부터 들려오는 얘기가 아니라

타 부서의 직원들로부터 퍼지는, 당신에 대한 강력한 소문과 오랫동안의 칭찬은 너무 강해서 무시할 수 없었습니다.

둘째, 당신은 항상 직원들 가까이 다가가 웃음을 선사하고 용기를 북돋아 주며, 그들의 애로사항을 들어 주면서 여러 가지 문제들이 발생되기 이전에 문제를 발견하고 조치하는 모습을 보여 왔습니다. 부서나 팀간의 소속 여부를 떠나 대부분의 직원들은, 개인적인 문제가 있거나 업무처리에 애로사항이 발생하면 당신을 찾아간다고 하더군요. 외부 고객으로부터 들려오는 당신에 대한 평가 역시 대단했습니다. 회사 이름이나 위치는 정확히 알지 못하면서도 당신의 이름을 기억하는 고객이 많았습니다. 해당 업무의 담당부서가 어디인지 알려고도 하지 않고 당신부터 찾는 고객이 많았습니다.

셋째, 간부회의나 워크숍, 또는 세미나를 개최할 때마다 적극적으로 제안하는 당신의 의견은 옳고 그름을 떠나 직원들의 사기를 증진시키고 창조력을 발휘하도록 하는 데 크게 기여하고 있음은 얼마나 다행스러운 일인지 모릅니다. 어떤 회의나 비공식 모임 때마다 당신이 노력하는 모습은 모든 임원과 직원들의 모범이었습니다. 자료실에 드나들며 각종 자료를 찾고 여러 가지 통계를 준비하며, 도움이 되는 자료를 직접 작성하여 동료직원들에게 거리낌 없이 나눠주는 당신의 적극성은 머잖아 형식적으로 끝날 줄 알았습니다.

새벽마다 외국어 학원을 들렀다가 땀을 흘리며 허둥지둥 출근하는 모습을 많은 직원들은 부러운 눈으로 바라보면서도 가끔은 질투하고 시기하기도 했습니다. 당신의 그러한 태도와 생활습관은 회사 발전을 위해서라기보다는 아주 이기적인 마음으로 자기만을 위한 학습이라고 인정하는 게 더 정확할지도 모르겠습니다.

점심때가 되어도 식사하러 나갈 생각을 하지 않고 뛰어다니며 일을 하는 모습이나 해가 저물어도 배고픈 줄 모르고 퇴근할 생각도 하지 않고 일을 하며 책을 보는 당신의 태도가 절대 이기적이지 않다는 것을 아는 사람은 다 알 것입니다.

물론 모든 사람들이 이런 식으로 일하라는 얘기는 아니다. 다만, 절대로 해고당하지 않을 나만의 이유를 만드는 데 참고하라는 것이다.

■ ■ ■ Review Focus

아직도 기억에 생생한 한 가지는, 수차례에 걸친 면접을 보는 동안 당신은 항상 웃고 있었으며 자신 있는 태도로 당신 자신을 충분히 표현하고 있었다는 것입니다.

아마추어로 놀지 말고 프로가 되어라

44

> 비록 하나라도 제대로 알아서 실행하는 일은 백 가지 일을 어설프게 알고 대충 하는 것보다 훨씬 낫다.
>
> _ 괴테

일을 하는 데 있어 프로와 아마추어의 결정적인 차이는 뭘까? 능숙함의 차이일까, 아니면 마음가짐의 차이일까. 물론 그런 것들도 해당될 것이다. 그러나 가장 결정적인 차이는 아마도 일을 바라보는 시야와 그 일을 처리하는 태도의 차이일 것이다. 아마추어는 나무의 가지만 쳐다보지만 프로는 나무의 뿌리를 먼저 살핀다. 아마추어는 나무의 가지에 붙은 벌레만 잡아내지만 프로는 나무의 뿌리를 갉아먹는 해충부터 잡아낸다.

이와 관련하여 『절대로 안 잘리는 월급쟁이 죽어도 못 자르는 샐러리맨』의 저자 이내화 씨가 「성공 특강」(www.sman.co.kr)에게재한 글(프로가 아마추어보다 좋은 이유 67가지)이 있어 그 가운데 30가지만 골라 소개한다. 프로답게 생각하고 행동하는 데 있어 두고두고 음미할 만하다.

1. 프로는 불을 피우고, 아마추어는 불을 쬔다.
2. 프로는 자신이 한 일에 대해 책임을 지지만, 아마추어는 책임을 회피하기에 바쁘다.
3. 프로는 기회가 오면 우선 잡고 보지만, 아마추어는 생각만 하다 기회를 놓친다.
4. 프로는 자신의 일에 목숨을 걸지만 아마추어는 자신 일에 변명을 건다.
5. 프로는 여행가이고, 아마추어는 관광객이다.
6. 프로는 남의 말을 잘 들어주고, 아마추어는 자기 이야기만 한다.
7. 프로는 행동으로 보여 주고, 아마추어는 말로 보여 준다.
8. 프로는 자신에게 엄하고 남에게 후하지만, 아마추어는 자신에게 후하고 남에게 엄하다.
9. 프로는 위험을 감수하고 현상에 도전하지만, 아마추어는 위험을 회피하고 현상을 유지한다.
10. 프로는 평생 공부를 하지만, 아마추어는 한때 공부를 한다.
11. 프로는 결과보다 과정을 중시하지만, 아마추어는 결과에 집착한다.

12. 프로는 독서량을 자랑하지만, 아마추어는 주량을 자랑한다,
13. 프로는 사람을 소중히 여기고, 아마추어는 돈을 소중히 여긴다.
14. 프로는 사람을 우선으로 삼고, 아마추어는 일을 우선으로 삼는다.
15. 프로는 혁신가지만, 아마추어는 행정가이다.
16. 프로는 시간을 관리하고, 아마추어는 시간에 끌려다닌다.
17. 프로는 지는 것을 두려워하지 않고, 아마추어는 이기는 것도 걱정한다.
18. 프로는 메모를 하고, 아마추어는 듣기만 한다.
19. 프로는 '지금 당장'을 좋아하지만, 아마추어는 '나중에'를 좋아한다.
20. 프로는 Only One를 추구하지만, 아마추어는 Number One을 추구한다.
21. 프로는 Know-Where를 생각하고, 아마추어는 Know-How를 생각한다.
22. 프로는 밸류을 추구하지만 아마추어는 볼륨을 생각한다.
23. 프로는 하나를 보고도 열을 생각하지만, 아마추어는 열을 보고도 하나만 생각한다.
24. 프로는 뛰면서 생각하지만, 아마추어는 생각한 뒤에 뛴다.
25. 프로의 무대는 그라운드지만, 아마추어의 무대는 관중석이다.
26. 프로는 창조를 하고, 아마추어는 모방을 한다.

27. 프로는 신뢰를 쌓지만, 아마추어는 통제에 의존한다.
28. 프로는 '올바른 일'만 하려고 하지만, 아마추어는 '일을 올바르게'만 하려고 한다.
29. 프로는 삶으로 영향력을 발휘하지만, 아마추어는 직책으로 영향력을 행사한다.
30. 프로는 사람을 고무시키지만, 아마추어는 기준을 따르라고 한다.

■ ■ ■ **Review** Focus

아마추어는 나무의 가지만 쳐다보지만 프로는 나무의 뿌리를 먼저 살핀다. 아마추어는 가지에 붙은 벌레만 잡아내지만 프로는 뿌리를 갉아먹는 해충부터 잡아낸다.

45 책 읽기를 밥 먹듯이 하고 가끔 여행을 떠나라

> 독서가 사과나무를 심는 것이라면
> 일은 그 열매를 따는 것이다.
>
> _ 격언

독서의 효용은 아무리 강조해도 지나치지 않다. 선현들은 한결같이 "책 속에 길이 있다"고 했다. 또 프란시스 베이컨(영국의 철학자)은 "독서는 완성된 사람을 만들고, 담론은 재치 있는 사람을 만들고, 필기는 정확한 사람을 만든다"고 하여 독서의 중요함을 설파하였다.

책은 가장 수준 높고 가장 정제된 정보와 가르침을 제공한다. 그러고도 술 한잔 마시는 값도 안 된다. 우리는 책을 통해 각 방면의 거장들을 너무도 손쉽게 만나볼 수 있다. 그들은 평생을 연구하여 얻은 정보와 지혜를 너무도 선선히 책을 통해 내놓는다. 우리는 그것을 단돈 1~2만 원을 들여 며칠 만에 취할 수 있다. 별로 중요할 것도 없는 습관적인 술자리에 모여 앉아 늘 되풀이되는 잡담에 몇 시간씩 파묻혀 있을 시간에 그런 책을 한 권 더 읽는다면 일석이조一石二鳥 아닌가. 아무리 조촐하게 먹어도 하루 술값이면 웬만한 책 두세 권은 살 수 있다.

책은 정색하고 따로 시간을 내서 읽으려고 마음먹는다고 되는게 아니다. 그러다가는 일 년에 채 한 권의 책도 읽지 못한다. 바쁘다는 것은 핑계일 뿐이다. 맹자는 "시간이 없어서 책을 읽지 못하는 사람은 시간이 남아돌아도 결코 책을 읽지 못한다"고 했다. 가슴을 치는 통찰이다. 그래서 독서는 습관이라고 했다. 밥 먹는 일처럼 여기라고 했다. 시간이 없어서 끼니를 굶는다는 얘기를 들어본 적이 있는가.

책을 읽을 시간은 얼마든지 뽑아낼 수 있다. 출퇴근길 전철에서 1시간, 점심 먹은 후 30분, 사람 기다리는 시간 30분, 퇴근 후 30분, TV 끄고 1시간, 잠자리에 들어 30분, 아침에 일찍 일어나 30분, 쉬는 날 3시간, 세 번 먹을 술 두 번으로 줄이고 3시간… 이렇게 습관을 들이면 아무리 바빠도 하루에 적어도 3~4시간은 뽑아낼 수 있다. 일주일이면 어림잡아 30시간은 충분하다. 얇고 가벼운 책은 일주일이면 2~3권, 좀 무게가 나가는 책이라도 1권은 너끈히 독파할 수 있다. 작심하고 대들면 일 년에 100권쯤 읽어내는 것은 그리 어렵지 않다.

독서에는 미리부터 알아야 할 특별한 기술은 없다. 많이 읽다보면 요령이 생기고 속도도 빨라진다. 그래도 관심이 있다면 모티머 J. 애들러 등이 쓴 『독서의 기술 How to Read a Book』을 읽어 보라. 번역이 눈에 거슬리지만 그런대로 참고 읽을 만하다. 다치바나 다카시의 『나는 이런 책을 읽어왔다』나 전사섭의 『장충동 김씨를 위한 책 이야기』는 독서에 관한 책이지만 교양으로 읽어도 무척 흥미롭다.

책을 고를 때는 무엇보다 자기 주관이 필요하다. 이른바 베스트셀러라고 해서 대중에 휩쓸려서 선택하게 되면 맨날 그렇고 그런 책들에만 치우치는 독서 편식증에 걸리게 된다. 고전과 현대물을 골고루 섭취하되 이왕이면 '셰익스피어에 관한 책'보다는 '셰익스피어'를 읽어라. 해석解釋보다는 먼저 원전原典을 읽으라는 얘기다 (사실 대개의 경우 원전이 훨씬 재미있고 쉽게 읽힌다). 너무 어려운 책보다는 재미를 잃지 않고 읽어낼 수 있는 책부터 시작하라. 독서 습관이 전혀 들어 있지 않는 사람이라면 단숨에 푹, 빠져들 수 있는 책으로 시작하는 것도 좋을 것이다.

책은 또 여행의 동반자로도 안성맞춤이다. 여행을 하면서 짬짬이 책을 읽는 재미도 그만이다. 어찌 보면 여행도 책을 읽는 것이나 마찬가지다. 세상을 눈으로 보고 마음으로 느끼는 독서인 셈이다. 여행은 책과는 또 다른 위안과 감흥을 준다. 일에 지쳐 있거나 삶의 갈등을 느낄 때는 술청에 엎어져 하염없이 술잔 속으로 무너지기만 하지 말고 어디 가까운 곳이라도 훌쩍 여행을 떠나라.

여행길에서 만나는 미지의 풍경은 날마다 지지고 볶아대느라 찌든 내 심신을 말갛게 씻어준다. '생활'에 갇혀 잔뜩 주눅이 든 내 영혼이 여행길에서는 비로소 활짝 기지개를 켠다. 여행은 새롭게 시작하는 힘을 주고, 닫힌 마음을 열리게 하며, 사람을 한없이 너그럽게 만든다.

여행을 떠날 때는 배낭을 가볍게 하라. 이것저것 잔뜩 챙겨 넣지 마라. 일체의 번거로움을 생략하고 그야말로 훌쩍 떠나라. 세속의 욕심을 모두 내려놓고 바람처럼 떠나라. 종종 혼자 떠나는 여행도 필요하지만 가능하면 가족과 함께 떠나라. 가족간의 정을 살갑게 하는 데는 여행만큼 좋은 것도 드물다. 여행은 혼자 떠나면 자기와의 대화를 나눌 수 있고, 함께 떠나면 그간에 막혀 있던 마음의 물꼬를 틀 수 있다.

여행지에 가서는 사진을 찍어대느라 시간을 허비하지 말고 그곳의 풍물 속으로 흠뻑 빠져 들어라. 온몸으로 그곳의 기운을 느끼고 온 마음으로 그 기운을 즐겨라. '생활의 기록'도 중요하지만 '여행의 기록'은 색다르다. 여행하는 틈틈이 그곳의 풍경을 기록하고 그 느낌을 적어라. 누가 아는가, 흥에 겨우면 절창絶唱 한 수가 저절로 내 가슴으로부터 솟아오를지.

■ ■ ■ ■ Review Focus

시간이 없어서 책을 읽지 못하는 사람은 시간이 남아돌아도 결코 책을 읽지 못한다.

눈치만 보지 말고
아예 상사를 감동시켜라

46

> 마음이 있지 아니하면 보아도 보이지 않고
> 들어도 들리지 않으며 먹어도 그 맛을 모른다.
> _「대학大學」

가깝게 지내는 후배 녀석이 언젠가 무슨 얘기 끝에 "직장 생활 10년에 눈치만 9단이 되었다"며 반 농담으로 푸념을 늘어놓았다. 물론 직장에서 너무 눈치 없는 사람은 밉보이기 십상이다. 그래서 "눈치는 선택이 아니라 필수"라고들 말한다. 그러나 눈치에도 한계가 있다. 지나치면 '약삭빠른 기회주의자'나 '일은 제대로 안 하고 요령이나 피는 사람'으로 찍혀 블랙리스트에 오르거나 따돌림당하기 쉽다.

그러므로 이제부터는 '눈치작전' 대신 아예 '감동작전'을 구사하자. 물론 처음에는 고달프기도 할 것이다. 쟤 갑자기 왜 저래? 뭘 잘못 먹었나? 하고 삐딱한 시선으로 보기도 할 것이다. 아부阿附가 심하다고 비아냥대기도 할 것이다. 그러나 한결같이 6개월 만 감동을 먹이면 서서히 약효가 나타나게 되어 있다. 그렇게 1년이 지나면 당신은 상사나 동료 후배들의 신망을 한 몸에 받는 사람이 되어 있을 것이다. 무엇보다 엄청나게 변화되어 있는 자신을 발견하게 될 것이다.

'상사를 감동시키는 전략'에 관해「사랑이 가득한 집」(www.goodzip.com.ne.kr)에 음미할 만한 글이 올라와 있어 여기 소개한다. 이를 참고로 자기 회사의 상황에 맞는 감동 요소를 체크하여 실행하면 한결 신명나는 직장 생활이 될 것으로 믿는다.

1. 성실하고 책임감 있게 일해라.
    (상사의 신뢰를 얻는 가장 중요한 요소다.)
2. 선배나 상사의 입장에서 그 고충이나 심정을 이해하고 배려해라.
3. 항상 겸손하고, 어떤 경우에도 무례하게 굴지 마라.
4. 웃으면서 적극적으로 즐겁게 일을 맡아라.
    (이왕 해야 할 일, 인상 쓰고 하게 되면 하고도 욕먹는다.)
5. 아무리 밤늦게까지 술을 먹었어도 다음날 지각하지 마라.
6. 어떤 일을 하든지 진행 상황을 상사가 묻기 전에 수시로 보고해라.
7. 상사의 의견에 덮어놓고 맞장구치지 마라.

(상사는 정확한 판단에 실제로 도움이 되는 직원을 원한다.)
8. 상사와 갈등을 빚은 후에는 카드 메일 등을 활용하여 먼저 풀어라.
9. 문제 상황을 보고할 때는 자신의 의견을 덧붙여라.
10. 때로는 따뜻한 커피 한잔을 타드려라.
11. 잘못을 솔직하게 시인할 줄 알아라.
12. 일을 배우는 데 있어 상사를 귀찮게 하라.
13. 먼저 내 사생활을 내보이고 유대감을 높여라.
14. 공개석상에서는 절대로 상사의 의견을 반박하지 말라.
15. 회식 자리에서 놀 때는 확실하게 튀어라.
16. 가끔 상사와 술을 마실 때는 코가 비뚤어지도록 마셔라.
17. 업무 지시는 즉석에서 메모하는 습관을 들여라.
18. 작은 일이라도 하찮게 여기지 마라.
19. 상사의 지시에 일단은 '예'라고 대답하고, 이견이 있으면 근거 자료를 준비하여 정중하게 설득하라.
    (이견이 있으면 상사와 단둘이 있을 때 말해야 설득력이 높아지고 상사의 위신도 지켜드릴 수 있다.)
20. 업무 진행 '방식(형식)'을 상사의 입맛(코드)에 맞춰라.
    (물론 업무 내용까지 상사의 코드에 맞추라는 것은 아니다.)
21. 종종 상사를 위한 작은 이벤트를 준비하라.
    (비 오는 날 따뜻한 커피 한잔, 생일날 애교 섞인 편지가 든 사탕 한 봉지, 감동 그 자체다.)

22. 컴퓨터나 핸드폰의 숨어 있는 편리한 기능을 가르쳐 드려라.
23. 늘 마감시간 전에 일을 끝내라.
24. 의견을 물어오면 "특별히 드릴 말씀이 없다"고 대답하지 마라.
25. 평소에 칼퇴근하다가도 중요하고도 긴급한 프로젝트가 걸리면 야근을 자원하라.

■ ■ ■ **Review** Focus

늘 다른 사람을 감동시키다 보면, 무엇보다 엄청나게 변화되어 있는 자신을 발견하게 될 것이다.

할 일, 안 할 일 분명하게 가려서 해라

47

> 세상에 비천한 직업이란 없다.
> 다만 비천한 사람만이 있을 뿐이다.
>
> _ 링컨

적극적으로 신명나게 직장 생활을 하는 것도 좋지만 해야 할 일, 하지 말아야 할 일, 나서야 할 때, 나서지 말아야 할 때를 분명하게 가릴 줄 아는 것도 중요하다. 사리분별事理分別이 분명해야 한다는 얘기다. 또 어른들이 흔히 하는 말로 "나이 값을 하라"는 얘기가 있다. 물론 사고방식思考方式은 젊을수록 좋지만 행동거지行動擧止는 나이에 걸맞아야 한다.

마침 이와 관련하여 「도깨비 뉴스」에 재미있는 글(25살이 넘으면 하지 말아야할 것 20가지)이 올라와 있어 여기 소개한다. 이를 참고로 삼아 '내가 이 나이에 하지 말아야 할 일 ○○가지와 꼭 해야 할 일

○○가지'를 적어보는 것도 필요하리라 믿는다.

1. 아침에 5분 더 자겠다고 울부짖는다.
   (처절하게 울부짖을수록 나만 우스워진다.)
2. "엄마, 만 원만!" 이라며 손 내미는 짓을 버릇처럼 일삼는다.
   (한숨에 무너지는 엄마 가슴도 생각해라.)
3. 헤어진 애인에게 전화 걸어 말없이 울곤 한다.
   (그러다가 스토커로 쇠고랑 차는 수가 있다.)
4. 싸구려 향수(주로 장미나 아카시아 향)를 뿌리고 다닌다.
   (돈 없으면 차라리 아무것도 뿌리지 마라.)
5. 무너지는 몸매를 애써 모른 척한다.
   (그러다가 결혼도 하기 전에 아저씨, 아줌마로 내몰린다.)
6. 성질나는 대로 물건을 마구 집어던진다.
   (누군들 성질 없어서 죽어지내는 건 아니다.)
7. 매사에 구차한 변명부터 늘어놓고 본다.
   (그렇잖아도 미움 받는 신세, 회복 불능이 된다.)
8. 근거 없는 소문에 길길이 날뛰며 열을 낸다.
   (그러다가는 제 명에 못 죽는다. 한 귀로 듣고 한 귀로 흘려라.)
9. 무슨 일이든 배 째라 식으로 나간다.
   (사회에서는 진짜로 배 쨴다. 배 째지고 나서 후회하지 마라.)
10. 베이비 로션을 잔뜩 바르고 다닌다.
    (화장품도 오남용을 일삼으면 치명상을 입는 수가 있다.)

11. 패왕별희식 화장을 하고 다닌다.
    (얼굴이 무슨 죄 지었나, 숨구멍을 틀어막게.)
12. 술을 주는 대로 홀라당 받아 마신다.
    (순간의 기분에 젖어 무덤을 파지 마라.)
13. "죽고 싶어!" "내가 미쳐!"라는 말을 함부로 내뱉는다.
    (그러다가 진짜로 미치거나 죽는 수가 있다.)
14. 조선시대도 아닌데 팔자걸음을 걷는다.
15. 팬클럽 창단식, 맨 앞자리에서 열렬히 오빠를 외친다.
16. 책만 펴면 곧바로 잠든다.
    (책을 베개로 삼는 것은 저자에 대한 예의가 아니다.)
17. 아직도 리어카표 최신 댄스 음악 모음집을 쳐다본다.
    (음반 불법 복제 동조 및 가담 죄로 처벌받는다.)
18. 학창 시절 버릇이 남아 뭐든 무조건 암기한다.
19. 드라마 주인공 살려내라는 협박성 메일을 보낸다.
    (주인공이 무조건 잘 먹고 잘 살던 시대는 지나갔다.)
20. 매번 이 닦는 걸 깜박 잊고 잠든다.
    (주머니 사정도 어려운데 틀니 값이라도 아껴라.)

■ ■ ■ ■ **Review** Focus

적극적으로 신명나게 직장 생활을 하는 것도 좋지만 해야 할 일, 하지 말아야 할 일, 나서야 할 때, 나서지 말아야 할 때를 분명하게 가릴 줄 아는 것도 중요하다.

48 적을 사지 말고, 있는 적도 친구로 만들어라

> 벗을 얻는 유일한 방법은
> 내가 먼저 그의 벗이 되어주는 것이다.
>
> _ R. W. 에머슨

공자는 인仁을 얘기했고, 부처는 자비慈悲를 설파했으며, 예수는 사랑을 전했다. 말만 다르지 뜻에는 다름이 없다. 누구든지 사랑으로 대하면 결국 그 사랑에 감화된다고 했다. H. W. 롱펠로우(미국의 시인)는 "헛된 사랑이었노라고 말하지 말라. 사랑은 결코 헛되지 않았다. 비록 그의 마음을 살찌우지 못했을지라도 그 사랑은 빗물처럼 다시 그의 샘으로 돌아와 새로움으로 가득 채워진다"고 노래했다.

톨스토이의 소설 「바보 이반」은 다툼과 탐욕으로 들끓는 현대인들에게 사뭇 진한 감동을 선사한다. 바로 이 소설을 쏙 빼닮은

철학우화 「흰돌마을과 검은돌마을」은 "무엇으로 적을 친구로 만드는지" 잘 보여주고 있다.

흰돌마을 추장은 흰돌산에 들어가 도를 닦으며 거기서 나오는 곱돌로 생활용품 만드는 법을 배웠고, 검은돌마을 추장은 검은돌산에 들어가 무술을 닦으며 거기서 나오는 쇠로 무기 만드는 법을 배웠다.

어느 날 검은돌마을 추장이 쇠 창검으로 무장한 군사들을 앞세워 흰돌마을을 공격하였다. 용감한 청년들은 맞서 싸우자고 주장했지만 추장은 눈을 감고 한참을 생각하더니 항복하는 것이 좋겠다고 했다.

"검은돌마을 추장은 무술이 뛰어날 뿐 아니라 성질이 포악하다고 들었다. 그 성질을 잘못 건드렸다가는 아무도 살아남지 못할 것이다. 내게 다 생각이 있으니 일단 저들에게 엎드려 목숨부터 구하고 보자."

검은돌마을 추장이 머리를 숙인 흰돌마을 추장더러 "도술을 모르는 가짜 도인"이라고 비웃자 흰돌마을 추장은 "머리를 숙이는 것도 도입니다. 저는 추장께 배울 것이 많은 사람입니다. 제 배움에 좋은 귀감이 되어 주십시오" 하고 정중하게 허리를 꺾었다. 이렇게 하여 흰돌마을은 검은돌마을의 지배를 받게 되었다.

그 이후 검은돌마을 사람들이 흰돌마을로 들어와 함부로 약탈을 일삼았으며, 흰돌로 만든 생활용품들을 가져갔다. 한편 흰돌마을 추장은 흰돌마을 사람들이 검은돌마을 사람들에게서 쇠 다루는 기술을 배워 널리 유익하게 사용하도록 하였다. 흰돌마을 사람들은 곱돌로 생활용품 만드는 법을 잘 알고 있는 데다 쇠 다루는 기술까지 익혀, 모든 생활용품을 쇠로 만들 수 있게 되었다. 흰돌마을 추장은 검은돌마을로부터 쇠를 얻는 조건으로 곱돌로 만든 생활용품들을 검은돌마을에 보내주었다. 그러자 검은돌마을 사람들은 곱돌로 만든 생활용품을 아주 유익하게 쓸 줄 알게 되었고, 나중에는 그 모양을 본떠 쇠로 생활용품을 만들게 되었다.

이렇게 되자 검은돌마을에서는 무기를 녹여 생활용품을 만드는 사람들이 점차 늘어났다. 이제 흰돌마을에서든 검은돌마을에서든 누구나 능숙하게 쇠로 생활용품을 만들 수 있게 되었다. 그동안 주색잡기로 세월을 보내던 검은돌마을 추장은 뒤늦게 정신을 차렸다. 검은돌마을 사람들이 무기를 녹여 생활용품을 만드는 걸 보고 깜짝 놀라 "무기를 녹여 생활용품을 만드는 자들을 모조리 잡아들이라고"고 명령했다. 그러나 이미 검은돌마을 추장 곁에는 그의 명령을 집행할 부하들이 남아 있지 않았다. 그들도 모두 무기를 녹여 생활용품을 만들었기 때문이다.

이게 모두 흰돌마을 추장의 수작이라고 생각한 검은돌마을 추장은 흰돌마을 추장에게 달려가 칼을 빼들고 죽이겠다고 호통을 쳤다. 그러자 흰돌마을 추장이 엎드려 절하며 말했다. "추장은 과연 저의 스승이십니다." 검은돌마을 추장이 눈알을 부라리며 물었다. "지금 무슨 소릴 하고 있는 것인가? 또 나를 현혹되게 하려는

가?" 흰돌마을 추장이 지극히 부드러운 목소리로 말했다.

"전쟁이 있기에 사람들은 평화를 알게 됩니다. 두려움이 있기에 사람들은 삼감을 알게 됩니다. 노여움이 있기에 사람들은 너그러움을 알게 됩니다. 제게 즐거운 마음으로 생활할 수 있는 평화, 매사에 삼갈 줄 아는 마음, 너그러움을 베푸는 미덕을 가르쳐주신 분은 바로 추장이십니다."

검은돌마을 추장은 한동안 그 말이 칭찬인지 비웃음인지 분간을 못하고 그저 눈만 껌뻑거렸다. 나중에서야 그 뜻을 알아차린 검은돌마을 추장은 "그러니까, 나는 악한 자이고 너는 선한 자란 말이렷다? 더 이상은 못 참겠다"며 흰돌마을 추장의 목을 한칼에 날려버릴 기세였다. "그게 아닙니다. 추장께서는 약하고 저는 강하다는 뜻입니다." "뭐라구?" 흰돌마을 추장의 말에 검은돌마을 추장은 더욱 화가 치밀어 올랐다. "그러면 어디 한번 지금 제 목을 쳐 보십시오. 그러고 나면 온 마을 사람들이 달려와 추장의 목을 칠 것입니다." 흰돌마을 추장은 검은돌마을 추장의 칼 아래 목을 내밀었다.

문득 주위를 둘러보던 검은돌마을 추장은 아연실색하였다. 어느 새 소문을 듣고 달려온 사람들이 그를 무섭게 노려보고 있었다. 거기에는 흰돌마을 사람들뿐 아니라 검은돌마을 사람들도 있었다. 아무도 그의 편을 드는 사람은 없어 보였다. 검은돌마을 추장은 이내 칼을 버리고 흰돌마을 추장 앞에 털썩 무릎을 꿇었다.

"추장님! 제가 죽을죄를 지었습니다. 저는 한없이 약하고 당신은 한없이 강하다는 사실을 이제야 깨달았습니다."

나는 늘 다툼을 일으키는 사람이 되어 사방에 적을 지을 것인가, 아니면 있는 다툼마저 녹이는 사람이 되어 사방에 친구를 지을 것인가? 그 답은 바로 늘 내 안에 있다.

■ ■ ■ Review Focus

원수를 짓든 친구를 짓든 답은 늘 내 안에 있다.

49 이미 잃은 것보다는 아직도 내게 남아 있는 것을 생각하라

> 나 스스로 행복해지는 것은 그리 어렵지 않지만
> 남들보다 더 행복해지는 거의 불가능하다.
>
> _ 몽테스키외

사업을 하다가 망하거나 주식에 투자했다가 거덜이 나거나 보증을 잘못 섰다가 빚을 떠안게 되면 흔히 "내 인생 깡통을 찼다"고 한탄한다. '인생'이 깡통을 차다니? 비록 통장이 바닥나고 빚 좀 졌기로서니 그 인생마저 송두리째 깡통을 찼다고 절망한다면 세상에 살아남아 있을 사람이 몇이나 될 것인가.

사람들은 대개 내가 얼마나 많은 것을 가지고 있는지를 제대로 계산할 줄 모른다. 그 계산이란 기껏해야 통장 계좌에 얼마나 남아 있는지, 일전에 사 놓은 주식의 주가나 지금 살고 있는 아파트 값이 얼마나 올랐는지, 내년 연봉 협상에서는 얼마를 더 받을 수 있을 것인지, 이번 명절 비용으로 얼마나 나갈 것인지 따위에 머문다. 그렇다면 그것들 말고 내가 무엇을 더 갖고 있단 말인가.

한 중년의 남자가 수심이 가득한 얼굴로 우두커니 공원 벤치에 앉아 있었다. 지나가던 노인이 옆자리에 앉으면서 말을 건넸다.

"무슨 슬픈 일이라도 있는 게요?"

"저의 모든 것이 끝장났습니다. …사업에 실패하여 집이고 뭐고 모두 말아먹고 말았어요. 이 나이에 다시 시작할 희망도 용기도 없습니다."

그는 지독한 상실감에 빠져 있었다. 노인은 메모지와 볼펜을 꺼내더니 그에게 말했다.

"자, 그래도 뭔가 남아 있을지 모르니 한 번 적어봅시다."

"모두 부질없는 일이에요."

"부인이나 자녀들이 있나요?"

"아내는 어려운 가운데서도 큰 힘이 되어준 고마운 사람이지요. 아이들은 아빠가 잘 돌보지는 못했지만 반듯하게들 컸어요."

"친구나 건강은 어때요?"

"그래도 도와주겠다는 친구가 있었어요. 건강도 아직은 웬만하구요."

"당신은 모든 것을 잃었다고 하지만 아직 소중한 것들은 그대로 간직하고 있군요."

노인은 메모지를 건네주며 격려했다.

"자, 이것을 가지고 새롭게 출발하세요."
종이를 건네받은 그는 노인의 손을 힘껏 부여잡았다.

선현들은 흔히 부모의 죽음을 '천붕지괴天崩地壞'라 하여 '하늘이 무너지고 땅이 꺼지는 슬픔'으로 표현했으며, 자식의 죽음을 '참척慘慽' 또는 '단장지애斷腸之哀'라 하여 '너무 참혹하여 창자가 끊어지는 애달픔'으로 표현했다. 그러나 재물이나 권력, 명예의 상실을 이처럼 지극한 슬픔으로 표현한 바는 찾아보기 어렵다. 우리는 지금껏 지극히 '하찮은' 것들을 잃고도 "모두 잃었다"며 비통해하고, 지극히 소중한 것들을 모두 지니고도 "아무것도 지닌 게 없다"며 한탄하며 살아오지는 않았는지 돌아볼 일이다.

우리 주위를 돌아보면 참담한 실패를 거듭하고도 아직 남아 있는 소중한 것들을 밑천 삼아 끝내 성공에 이른 사례는 얼마든지 찾아볼 수 있다. 실패나 불행은 받아들이기 나름이다. 그 엄연한 현실을 받아들이지 못하게 되면 자기 자신이 견딜 수 없이 초라해지고 비참한 기분에 빠진다. 새롭게 일어설 수 있는 힘은 이미 일어난 실패나 불행을 담담하게 자기 인생으로 받아들이는 데서 비롯한다. 바로 이런 사람이야말로 진실로 용기 있는 사람이다.

그런 의미에서 프랑스의 사상가 라 로슈푸코의 다음과 같은 통찰은 가슴 깊이 새겨들을 만하다.

무엇이 큰 불행이고 무엇이 큰 행복인가? 본시 불행과 행복은 그 크기가 미리 정해진 것이 아니다. 다만 그것을 받아들이는 사람의 마음에 따라 작은 것도 지극히 커지고 큰 것도 지극히 작아질 수 있다. 현명한 사람은 큰 불행도 작게 처리하고, 어리석은 자는 작은 불행도 현미경으로 확대하듯 하여서 스스로 절망에 빠진다.

아함阿含 경전 가운데 『법구경法句經』에는 "살고 죽는 것의 괴로운 생각에 집착하지 마라"고 이르고 있다. 마땅히 해야 할 일을 다 한다면 구태여 다시 살기를 바랄 것도 없는데, 사람들은 살고 죽는 것에만 붙들려 있기 때문에 도리어 능히 할 수 있는 일조차도 하지 못한다는 것이다. 생사生死를 떠나면 세상에 이루지 못할 일이 어디 있을 것인가. 물론 범인凡人의 경지는 아니라며 도리질을 하겠지만 모든 것은 마음이 정할 바일 따름인데 미리 안 된다며 나의 한계를 지을 것은 뭐란 말인가.

■ ■ ■ **Review** Focus

마땅히 해야 할 일을 다 한다면 구태여 다시 살기를 바랄 것도 없는데, 사람들은 살고 죽는 것에만 붙들려 있기 때문에 도리어 능히 할 수 있는 일조차도 하지 못한다.

자신을 팀의 일원으로 작동시키고 최상의 팀워크를 구사하라 50

> 나무 한 그루로는 숲을 이룰 수 없고
> 물 한 방울로는 강을 이룰 수 없다.
>
> _ 격언

팀은 시너지 효과를 극대화하기 위한 하나의 상호작용 체계다. 상호작용을 통해 서로를 고무하고 보완하고 협력함으로써 폭발력을 배가하는 것이다. 이것이 바로 팀워크(Team Work)다. 팀이 늘 성공하는 것은 아니지만 팀원들이 팀워크를 제대로 이해하고 구사하기만 한다면 적어도 끔찍한 실패는 피할 수 있다.

T·E·A·M·W·O·R·K — 팀워크는 각 글자를 이니셜로 한 핵심 요소 8가지(Edgar Samar의 아이디어를 가져와 재구성한 것임)를 이끌어 낼 수 있다.

T=Talent (능력)

업무를 수행할 수 있는 지식이나 재능을 갖춰야 한다. 물론 여기에는 필요한 기술을 연마하는 것도 포함된다. 팀의 해내야 할 업무의 본질과 팀 내에서 자신의 역할을 분명하게 알고 있어야 하는 것은 당연하다.

E=Enthusiasm (의욕)

그러나 모든 게 능력만 있다고 되는 것은 아니다. 팀원들 모두가 의욕에 차 있어야 한다. 다시 말해 능력을 최대한 발휘하여 일을 추진하려는 열정을 지녀야 한다. 이러한 의욕은 자연스럽게 발산되어야 하고 팀원들 전체에 강력한 동기를 부여할 수 있어야 한다.

A=Accountability (책임)

팀원 각자는 팀 전체뿐 아니라 다른 팀원들에 대한 책임이 있다. 자신에게만 책임을 지는 것으로 끝나는 게 아니라 서로를 격려하고 누군가 자신의 임무에 소홀하지 않도록 일깨울 책임이 있다. 자꾸 하나씩 빈틈이 생기면 팀 전체에 대한 부담이 가중되어 모두가 힘들어진다.

M=Management (관리)

각자의 재능과 임무가 최상의 조화를 이루어야 팀워크가 제대로 작동할 수 있다. 그러므로 각자의 전문성에 따라 역할을 적절하게 분배하고 일을 추진해야 팀을 효율적으로 운용할 수 있다. 그리고 유기적인 협조 체제를 유지하기 위해서는 일이 지속적으로 관리되고 큰 마디마다 입체적으로 체크되어야 한다.

W=Work-able (실행 가능성)

아무리 팀원들의 능력이 출중하고 의욕이 넘치더라도 정작 일할 시간이 없다면 아무 소용이 없다. 실행 가능성에는 단지 일할 시간만 요구되는 것이 적응력도 요구된다. 예측하지 못했던 돌발 사태에 직면했을 때 재빨리 효과적으로 대처할 수 있는 적응력과 시스템이 필요하다.

O=Openness (개방성)

팀원 전체는 원활한 커뮤니케이션을 통해 서로의 역할과 상황에 대해 충분히 이해하고 있어야 하며, 새로운 아이디어와 제안들에 대해 활짝 열려 있어야 한다. 서로 자기 일에만 몰두하느라 소통이 끊기면 팀워크의 작동이 중단될 수 있다.

R=Respect (존중)

팀원들 각자 서로 존중받고 있다는 믿음이 필요하다. 불화와 반목이 싹트면 그 팀은 끝장이다. 불화와 반목은 의견 차이 자체보다는 그 차이를 주장하는 방식에서 비롯한다. 어떤 경우에도 상대의 자존심을 다치게 해서는 안 된다. 그러므로 각자 마음껏 자기 의견을 피력하되 서로 존중하는 마음을 잃지 않아야 한다.

K=Keenness (열중)

열심히 임하는 것, 즉 열중은 팀원으로서 가장 중요한 덕목이다. 의욕은 일을 시작하게 하는 것이지만 실제로 일을 실행하고 끝내는 것은 열중이다. 열중은 우리를 계속 움직이게 하고 마무리할 때까지 끊임없이 일을 할 수 있게 하는 원동력이 된다. 열중이 부족하면 일은 늘 용두사미龍頭蛇尾가 된다.

Review Focus

팀은 시너지 효과를 극대화하기 위한 하나의 상호작용 체계다. 이를 통해 서로를 고무하고 보완하고 협력함으로써 폭발력을 배가하는 것이다.

■ ■ ■ diagnosis Clinic

■ 다음 항목을 읽고 내게 해당하는 답의 점수를 적어 넣으십시오.

항상 그렇다	자주 그렇다	반반이다	가끔 그렇다	전혀 그렇지 않다
0점	5점	10점	15점	20점

1. 문제의 원인이 나 자신에게 있는 줄 모르고 늘 밖에서만 찾는다. (점)
2. 자기 자신을 신뢰하지 못하고 매사에 늘 남의 눈치만 본다. (점)
3. 하찮은 것들을 얻기에 바빠 정말 소중한 것들을 잊고 산다. (점)
4. 눈에 보이는 것에만 얽매여 그 안에 숨은 핵심을 살피지 못한다. (점)
5. 가는 곳마다 사방에 적을 만들고, 외로운 늑대처럼 혼자 떠돈다. (점)

■ ■ 결과에 따른 진단

　0~ 25점 : 직업인으로서 기본이 전혀 없으니 처음부터 다시 시작하라.
　25~ 50점 : 직업인으로서 가능성이 엿보이므로 실망하지 말고 노력하라.
　50~ 75점 : 직업인으로서 유능한 편이지만 자만하지 말고 더욱 분발하라.
　75~100점 : 직업인으로서 아주 탁월한 면모를 보이고 있으므로 한결같아라.

■ ■ ■ 고쳐야 할 점 적어보기

■■ 반드시 씻어야 할 직장인 대죄大罪 10조

1. 건강을 돌보지 않아 허수아비가 되어간다.
   건강은 샐러리맨의 가장 중요한 밑천이다.

2. 바위처럼 움직일 줄 모르고 공룡처럼 적응력이 없다.
   다른 사람을 움직이려면 먼저 자신부터 움직이고 적응해야 한다.

3. 앵무새처럼 흉내만 낼 뿐 자기 아이디어가 없다.
   틀에 박힌 일만 되풀이할 뿐 일을 창의적으로 하지 않는다.

4. 외로운 늑대처럼 팀워크도 없이 혼자 떠돈다.
   무슨 일이든 서로 협력하지 않으면 성공하기 어렵다.

5. 회사 돈을 함부로 쓰고 공사를 구분하지 못한다.
   모든 지출은 반드시 원가 개념과 효용을 따져 집행해야 한다.

6. 정보에는 백지상태인데다 조개처럼 입을 다문다.
   최선의 결과를 얻으려면 다들 자기 의견을 적극적으로
   개진해야 한다.

7. 상식이 없어 해적 같고 교양이 없어 어린애 같다.
   몰상식하면 경멸당하고 배우지 않으면 자기도 모르게
   퇴보한다.

8. 인맥이 없어 무리에서 쫓겨난 원숭이와 같다.
   좋은 인맥은 성공의 밑천이다. 투자를 아끼지 마라.

9. 균형감각이 없어 허공을 떠도는 풍선과 같다.
   전체를 조망하는 안목이 없으면 한쪽으로만 치우치게 된다.

10. 가축처럼 자기계발을 하지 않는다.
    변화와 도전을 겁내면 주는 먹이나 받아먹는 가축과 같다.

* 무라자와 시게루의 「샐러리맨의 13가지 대죄」를 재구성한 것이다.

■■ 행복한 삶을 위한 자기경영 36계

제 01 계   나는 우주의 중심이기도 하지만 우주의 한낱 티끌이기도 하다는 사실을 명심하라.

제 02 계   아무리 큰 이익을 주더라도 옳지 않은 선택은 하지 마라.

제 03 계   칼에 죽는 육체보다 탐욕에 죽는 영혼이 더 많다는 사실을 명심하라.

제 04 계   아무리 쉬운 일이라도 하고 싶지 않은 일은 하지 마라.

제 05 계   아무리 돈 되는 일이라도 재미없는 일은 하지 마라.

제 06 계   모든 문제의 원인을 자기 자신으로부터 찾아라.

제 07 계   남의 입방아에 신경 쓰기보다는 늘 자기 자신에게 정직하라.

제 08 계   넘어지거든 푹 쉬었다 갈 줄도 알아라.

제 09 계   아무리 노력해도 안 되는 일도 얼마든지 있다는 것을 잊지 마라.

제 10 계　불행은 늘 행복과 동행하고 실패도 인생의
　　　　　 한 부분이라는 사실을 기억하라.

제 11 계　계획하는 일이 있거든 입으로 떠들기 전에
　　　　　 당장 시작하라.

제 12 계　노는 것을 시간 낭비라고 생각지 말고
　　　　　 때로는 한가로움을 즐겨라.

제 13 계　일을 놀이처럼 하고 놀이를 일처럼 하라.

제 14 계　자기가 좋아한다고 해서 남에게 강요하지
　　　　　 마라.

제 15 계　자기가 싫어한다고 해서 남이 하지
　　　　　 못하도록 말리지 마라.

제 16 계　하찮은 것들을 얻어 내느라고 소중한
　　　　　 것들을 희생시키지 마라.

제 17 계　남들의 성공에 나를 꿰맞추려 하지 말고
　　　　　 성공의 진정한 의미를 성찰하라.

제 18 계　어떤 경우에도 적을 짓지 말고, 있는 적도
　　　　　 친구로 삼아라.

제 19 계   성공은 또 하나의 새로운 시작이라는 것을
         명심하라.

제 20 계   한꺼번에 너무 많은 것을 잘 하려고 애쓰지
         마라.

제 21 계   무엇이든 늘 모자람이 있기 때문에
         완전하다는 것을 잊지 마라.

제 22 계   책임은 모아서 지고 공은 나눠 가져라.

제 23 계   늘 더불어 일하고 더불어 나누는 연습을
         하라.

제 24 계   작은 이익에 움직이지 말고 필생의 뜻에
         따라 움직여라.

제 25 계   지킬 것은 지키고 무시할 것은 무시하라.

제 26 계   남의 손해로 자기의 이익을 삼지 마라.

제 27 계   용기는 두려움의 부재가 아니라 두려움의
         극복이라는 것을 기억하라.

제 28 계   어떤 경우에도 자기의 존엄성을

포기하거나 잃지 마라.

제 29 계 다른 사람의 허물을 입에 담지 말고 자기 자랑을 일삼지 마라.

제 30 계 무슨 일을 하건 누구를 상대하건 늘 진실과 사랑에 기초하라.

제 31 계 불행이나 난관에 직면하거든 한 걸음 물러서서 바라보라.

제 32 계 자기 얘기를 하기 전에 남의 얘기를 듣는 것부터 연습하라.

제 33 계 같은 일을 하더라도 차원을 달리 하고, 어떤 일을 하든지 그 일을 최고로 만들어라.

제 34 계 책 읽기를 TV 보듯 하고, TV 보기를 책 읽듯이 하라.

제 35 계 상상력의 샘을 마르게 하지 마라.

제 36 계 가장 중요한 것은, 이 모든 계책에 얽매이지 마라.

出典을 완벽하게 살린
고사성어 대사전 志

누구나 곁에 놓아두고 언제든 들춰 보고 싶은 책!

동양 정신문명의 근간을 이루는 1,500여 성구를 집대성하였으며 정확한 뜻풀이, 상세한 출전, 적절한 용례를 실어 활용도를 극대화하였다.

- 고사성어 공부는 물론이려니와 늘 곁에 두고 마음의 양식을 삼을 수 있도록, 그 배경이 되는 고사故事 및 작품을 상세하게 수록하였다.
- 일상 생활에서 쓰는 성어는 물론이려니와 독서나 학문에 필요한 성어까지 거의 망라하여 사전으로서의 기능을 극대화하였다.
- 일상어로 흔히 쓰는 말 가운데서도 새겨둘 만한 고사에서 비롯한 말(失言, 不夜城, 五里霧中 등)이면 거의 모두 찾아 수록하였다.

임종욱 | 신국 고급양장(케이스) | 1,456면 | 58,000원